中国城市房价之谜

Zhong Guo Cheng Shi Fang Jia Zhi Mi

苏东◎著

SPM
南方出版传媒
广东经济出版社
—广州—

图书在版编目（CIP）数据

中国城市房价之谜/苏东著. —广州：广东经济出版社，2017.9
ISBN 978-7-5454-5776-6

Ⅰ. ①中… Ⅱ. ①苏… Ⅲ. ①城市-房价-研究-中国Ⅳ. ①F299.233.5

中国版本图书馆CIP数据核字（2017）第208792号

出 版 人：姚丹林
责任编辑：陈念庄　黄　炘
责任技编：许伟斌
装帧设计：仙　镜

出版发行	广东经济出版社（广州市环市东路水荫路11号11～12楼）
经销	全国新华书店
印刷	中山市国彩印刷有限公司 （中山市坦洲镇彩虹路3号）
开本	730毫米×1020毫米　1/16
印张	15
字数	210 000字
版次	2017年9月第1版
印次	2017年9月第1次
印数	1～5 000
书号	ISBN 978-7-5454-5776-6
定价	48.00元

如发现印装质量问题，影响阅读，请与承印厂联系调换。
发行部地址：广州市环市东路水荫路11号11楼
电话：（020）38306055　37601950　邮政编码：510075
邮购地址：广州市环市东路水荫路11号11楼
电话：（020）37601980　营销网址：**http://www.gebook.com**
广东经济出版社新浪官方微博：**http://e.weibo.com/gebook**
广东经济出版社常年法律顾问：何剑桥律师

前言　关于房价的谎言为何盛行

写这本书很重要的原因是，目前关于房价的走势及形成，很多人依旧存在错误的认识。对很多人来说，中国各个城市的房价似乎充满了令人难解的谜团。比如，为何京沪深杭厦等城市的房价似乎永远在涨？而相比之下，重庆、长沙、贵阳等城市的房价却这么低。

由于找不到答案，很多人因此就预设了这样一个简单的观念，即一座城市的房价是与其繁荣发达的程度直接挂钩，也即城市越繁荣发达，房价就越高，而城市不怎么繁荣发达，房价就会便宜——所以北上沪深永远涨，三四线城市不要碰。

但只要稍加思考，就会发现其错漏之处——显然这一观念无法解释同样是省会城市，湖南的长沙相比江西的南昌房价却要低不少。目前大众公认，无论是经济的发展，还是市场的繁荣发达程度，长沙都要比南昌远为优胜。

如今，河南的郑州差不多已是内陆省份中房价最高。如果郑州是因为经济发展优越，势头好，因此房价本来就应该高的话，那么同样是经济发展优越，发展势头更好的长沙，其房价为何却只有郑州的一半呢？

相似的例子还有身为直辖市的重庆。实际上，重庆市区的繁荣发达程度还要远超长沙，但重庆的平均房价也只能与长沙持平，位于省会级以上城市中房价最低之列。而且，自2016年以来诸多城市房价暴涨，重庆的房价却还不涨，以至于有关“重庆房价不涨”的文章频频见诸报端。为什么特别繁荣发达，甚至近几年GDP增长都是第一的城市，房价却几乎不涨呢?

另外，在大众公认繁荣发达的大城市中，广州的聚拢财富能力以及城市的地位都要明显超越杭州，但曾经有段时间广州的房价却大大低于杭州。

在同样算经济较为落后的省份里，还有安徽合肥，综合房价甚至能够超出经济更为发达的长沙和重庆近一倍。

由以上所述事实可知，说城市房价由其繁荣程度、购买力、对外吸引力等决定并不那么靠谱。

说到房价，人们还可以看到类似温州这样的城市“奇葩”。温州曾经是国内城市的一个典范，曾经被认为是中国最有钱、财富最雄厚的城市。曾几何时，温州炒房团还一直被当作是各地房价暴涨的罪魁祸首。在2002～2005年间的房价暴涨潮中，很多人都认为，当时全国很多城市的房价暴涨，都与温州炒房团有很大关系。而在很长一段时间里，温州的房价被列为中国最昂贵的城市之一。

但就是这样一座城市，却在2010年之后出现了连续数年的房价下跌，甚至下跌了近一半左右。

笔者的一位朋友讲述了这样一件事情：他认识的一个老板，2008年动用了大部分财产，花费近2亿元在温州将一栋楼房的顶层全部买了下来。而如今，这一房产仅值7000万元了。

到底是什么原因造成了以上这些奇怪的事实?笔者会在本书中尝试解析清楚。

面对京沪等城市房价的暴涨，还有很多人将之归咎到货币超发上，很多人用各种数据，显示了“天量”的货币超发，引发了通货膨胀。但如果是因为通货膨胀而引起的房价暴涨，应该是所有地区的房价普涨才对，但事实却并非如此。这一观点显然无法解释，为何在2015年开始的新一轮房价暴涨潮中，仅仅只在少数城市出现房价暴涨呢?事实上，在此轮房价暴涨的时间段，全国房价没怎么涨的城市有很多——甚至应该说，全国绝大多数的城市或地方的房价基本都原地不动。

为何房价的上涨如此有选择性呢？

还有，为了抑制房价上涨，政府曾多次使出大招，采取了各种限购的政策，但效果最终却有些乏善可陈，甚至陷入越限越涨的怪圈，这又是什么原因呢？

这一个个现象都令人疑惑。如果您对这些事情也抱有疑问，并想探究一下原因，那么您可以读一读这本书——它将会一一解答以上问题。

弄懂了这些问题，也就弄懂了中国房价上涨的原因。

当然，由于房价的问题非常复杂，不能仅通过讲述道理来介绍，本书在写作时结合了部分城市的房价走势案例。这些案例包括北京曾有过的三次房价下跌；北京房价十年暴涨十倍背后的奥秘；为何在十年中，北京房价涨了十几倍，而青岛房价仅涨了三四倍；为何上海房价上涨与北京不同步；重庆的房价因何偏低；青岛房价为何前高后低等。

书里还用非常具体、详细的事例介绍了在1998～2003年间，广州是怎样抑制了房价上涨，让当时被一致公认为一线城市的广州成为房价超低的省会级城市；杭州为何会在2000年后，成为国内房价上涨的先锋，率先开启了房价一路上涨模式；近几年温州房价之所以暴跌的原因。此外，本书也详细介绍了2000年香港楼市泡沫的破灭，2003年后又为何暴涨等等。在行文安排上，这些城市的案例都与道理的讲述穿插进行，可能次序前后略显凌乱，但由于道理讲述与案例分析都非常重要，也是不得已而为之。

在本书中，笔者谈及房价的涨幅，更喜欢用同地段、同楼盘的二手房的房价变化来进行比较，而不是用现行普遍采用的各种新房的统计价格来进行比较。

这样的比较才能避免由于地段不同而导致的标准不同问题。

就在本书审订出版之际，一件对多地房价都影响巨大的事情发生了。2017年4月1日，中共中央、国务院印发通知，决定设立河北雄安新区。

中央各级媒体以极快的速度进行了报道，并将雄安新区的定位提高到与深圳和上海浦东新区相提并论的高度。无疑，这将极大地影响多地的住房市场，特别是最受关注的北京住房市场。在这样的情况下，笔者又对部分内容进行了修订和补充，同时也删减了一部分内容。

书中阐述的观点，是笔者近十年的调研和研判的结果，纰漏之处，概由笔者负责，欢迎各位读者批评指正。

目 录

第一章 北京曾有过的三次房价下跌 …… 001
北京为鼓励买房曾送户口 …… 003
2005 年北京房价大涨仍低于杭州、温州 …… 004
2008 年的房价回落 …… 008
学区房的房价暴涨成吐槽点 …… 010
2014 年北京房地产降价 …… 013
北京房价再度上涨周期落后 …… 014
北京房价与青岛房价涨幅悬殊的原因 …… 018

第二章 上海房价涨跌与北京并不同步 …… 023
从低落到高涨，旧城改造温州炒房团 …… 025
2005 年北京房价暴涨而上海房价下跌 …… 028
暴涨与短暂下跌的循环往复 …… 032
上海房价开始落后于北京 …… 034

第三章 青岛 21 世纪初房价暴涨之后趋于平稳 …… 037
青岛房价为何一开始落后于郑州 …… 039
青岛房价的高涨之路 …… 040
城市经营是收紧土地 …… 042

土地拍卖的操控 …… 044
主政者思路改变房价也随之改变 …… 048

第四章　重庆房价为何如此亲民 …… 051
重庆房价也曾出现不小涨幅 …… 053
主政者将政策落实在增加建设土地上 …… 055
炒房客的滑铁卢 …… 057

第五章　贵阳房价为何这么低 …… 061
十四个超级大盘的崛起 …… 064
房价不断下跌 …… 067

第六章　房价上涨的原因剖析 …… 071
2000 年以来房价大幅上涨的路径 …… 073
住房需求超出以往 …… 074
来自外来购房者的影响 …… 075
土地控制造成住房供应偏紧 …… 077
通货膨胀是影响房价上涨的较小因素 …… 080
重点城市住房供应严重缺少 …… 083
房价畸高的城市仍占少数 …… 086

第七章　房价上涨的原因之一——人口迁移 …… 091
人口向东部沿海地区迁移是趋势 …… 093
中国规模恢宏的人口迁移 …… 096
人口向哪些地方迁移 …… 099
省会拥有何种优势 …… 101

可建设用地不平衡 …… 104
农村存在占用土地严重的现象 …… 106
高房价存在危害 …… 108
需要住房的城市外来人口 …… 110

第八章　房价上涨的原因之二——供给不足 …… 113
土地供应是影响房价的最重要因素 …… 115
中国大城市的人口密度“最高” …… 117
国内供地数量严重不足 …… 119
土地供应不足或许是大城市堵车问题的原因之一 …… 121
配套措施十分重要 …… 124
供地方式应当改良 …… 125

第九章　1998—2003 年：广州抑制房价上涨与土地供应密切相关 …… 129
洛溪新城的作用 …… 131
华南板块的兴起 …… 133
大量楼盘供应的终结 …… 135

第十章　杭州：房价为何一路上涨 …… 137
率先成立土地储备中心 …… 139
政府紧急“纠错” …… 140

第十一章　温州房价的跌落之旅 …… 143
暴跌意义巨大 …… 145
融资造就“温大胆” …… 146
开启第一个暴跌模式的城市 …… 147

填海致供给量大增 …… 148

第十二章　香港楼市泡沫破灭的原因 …… 153
联合声明的条件 …… 155
重点在“八万五建屋计划” …… 155
房价暴跌令负资产阶级不满 …… 157

第十三章　中国城市高房价的原因 …… 163
低房价城市土地供应量都大 …… 165
中国人就是喜欢买房 …… 167
投资买房很正常 …… 168

第十四章　如何解决北京、上海的高房价问题 …… 171
白领没有逃离一线城市 …… 173
2010 年时的建议：迁出国家大学、科研院所和央企总部 …… 174
降低北京和上海的人口增长 …… 175
搬迁部属高校最可行 …… 177
雄安新区可预见的几个前景 …… 179
北京住房总量需达到 1980 年的五十倍 …… 182

第十五章　一些关于房价的典型错误观点 …… 185
炒房客不是房价上涨的罪魁祸首 …… 187
房租上涨与房产中介无关 …… 189
囤积房源和土地十分正常 …… 193
中国的空置房到底多不多 …… 195
地产商人不是房价上涨的罪魁祸首 …… 198

富人购买的房产与普通民众购买的不一样 …………………… 200
人们对房价高涨原因认识不清源于对经济学知识的缺乏 ……… 202
关于房价问题的其他认识误区 …………………………………… 204

第十六章　对房价调控政策的思考 …………………………………… 211
房价难调源于将政策重点放在抑制投机上 ……………………… 213
征收房产税会增加购房者负担 …………………………………… 213
中小地产开发商最愿意降价 ……………………………………… 214
“因城施策”比“一刀切”政策更具针对性 …………………… 215
民粹主义思想或是抑制房价的大敌 ……………………………… 216
降低房价唯一有效的政策就是大量供应土地 …………………… 217

后　记　中国的住房还可不可以买 …………………………………… 219
中国的城市房价会继续上涨 ……………………………………… 221
如何挑选投资房产的城市 ………………………………………… 221
沿海海景房有没有投资价值 ……………………………………… 224

第一章

北京曾有过的三次房价下跌

在一般人的印象中，北京、上海、广州、深圳等地，房价一直都在凶猛地上涨，从没有过下跌。但是，假如你询问任何一个资深的房产中介人员，他都会告诉你，事实并不是这样的，这些城市的房价都曾出现过下跌，而且每次的幅度都在20%～30%。

为什么在1999～2004年期间，北京房价持续下降而且房价较低呢?

自1997年朱镕基开始推动房地产发展，为中国经济推一把力之后，在经济总体迅速发展的情况下，北京也发生过三次房价下跌，包括1996～2003年的房价下跌；2007～2008年的房价下跌；2014～2015年的房价下跌。其中，后两次都是在房价到达一个短期的高点后，出现一个自然回落所造成的，持续的时间都非常短暂。

而第一次下跌却持续了较长时间，并让北京的房价在数年内维持在一个较低的水平。

北京房价自2003年开始出现上涨的势头，然后在2004年出现加速上涨的趋势，到2005年更进入一种在外界看来近乎癫狂的上涨状态，北京市郊天通苑的普通二手房房价从2003年的2600元/米^{2}一路飙升到12000～13000元/米^2，开启了北京房价持续上升的历程。

北京为鼓励买房曾送户口

尽管北京后来的房价涨幅惊人，堪称中国国内房价涨幅最高的城市。但在21世纪初，北京的房价涨幅并不凶猛，甚至在沿海多地房价已涨至相当高的时候，北京的房价还是不温不火。

事实上，在1995～2005年期间，北京的房价不但没涨，甚至有十年的时间一直在下跌。

以海淀区最普遍的20世纪90年代的60平方米老楼房为例，1995年差不多需要24万元才能买一套，而到2002年基本已跌至20万元一套（如今此小区同户型可卖300万元以上）。

1990年，亚运村（汇园公寓）的新楼盘，就卖10000元/米^2，而到了2004年，该楼盘的房子只卖到8000元/米^{2}了。

记得笔者在1998年来到北京的时候，北京主城区的新商品房的房价一般都在10000元/米^2，而到了2001年，北京最繁荣的三环及亚运村一带刚刚新建的品质最好的商品房房价却普遍降到了7000～8000元/米^2。

2002年，位于北京CBD核心区大望路的高档楼盘珠江帝景，开盘时最低价仅为6800元/米^2。当北京房价跌至最低点时，位于西南二环边的鹏润家园在2002年更是打出了150套现房全部“八折让利”的广告，从原来6900元/米^{2}降至5500元/米^2。也就是说，二环的新房现房的房价甚至无须6000元/米^{2}就可以买到。

后来爆红的十万元学区房华清嘉园，当年的开发商任志强曾感叹“开盘价格才4000多元/米^2”。

这造成了很多后果。有部分在1990年买了外销楼盘华侨公寓的投资者，由于在买入后房价十几年丝毫未涨，甚至还下跌，非常的沮丧。这样失败的投资，影响了很多人在2000年后打算在北京买房的决定，使他们总是下不了决心买房子，结果错失了后来北京房价暴涨的大好时光。

房价不涨，市场不旺。在那个时候，为了能够多卖北京的住房，北京市地方政府甚至颁布了很多鼓励性的政策，当时的政府官员也总是不断为低迷的房地产市场鼓气。

2002年，时任北京市国土房管局局长苗乐如在一次会议上表示："北京经济已经连续三年出现两位数增长，人均生产总值首次突破3000美元。北京房地产的发展是建立在这个基础上的，国家机关、企业、事业单位还要提高职工的工资。"所以，他说，房地产发展的利好因素很多，市场需求没有衰减。当时的北京市开发办办公室主任秦海翔也称：北京市还有47%的房改未达标户，有9%的无房户。国外、外埠来京的工作人员也大幅度增加，对住房也有必要的需求。而北京一年拆迁危旧房84万平方米，动迁居民6.9万户。因此，北京房地产市场应该更有发展。

为摆脱楼市的低迷，北京甚至还曾推出过"北京小城镇购房入户政策"，从1995年开始启动，最初试点的小城镇只有8个。1997年7月17日，北京市发布了《北京市郊区小城镇建设试点城镇户籍管理试行办法》，"购房落户"的范围扩大到了33个小城镇、14个卫星城。当时，外地人士只要在上述小城镇现金投资50万元，再在指定的小区买一套两居室以上的房子，然后按每人20000元的标准交纳小城镇建设基金另加1000元就可以最多办理一家4口人在当地的户口。

这一政策一直执行到2005年年底，在房价暴涨之后才取消。也就是说，谁有眼光在2005年的时候，在通州、亦庄、黄村、昌平买了房，到2015年，不但附赠全家北京户口，房价还翻了20倍。

2005年北京房价大涨仍低于杭州、温州

在中国的房价暴涨潮中，沿海的城市如上海，包括浙江、江苏等地的房价上涨是第一波。2000年，浙江省内各城市，包括很多经济发达的县城的房价出现了飙涨，杭州主城区房价更是涨至5000元/米^2，苏州、南京、无锡的房价都出现了大幅的上涨，然后青岛、大连、天津等城市房价也有了较大幅度的上涨。

根据当时的一个报道显示，2002 年三季度，上海房屋销售价格同比上涨了 7.9%，杭州上涨了 8.4%，南昌上涨了 9.3%，青岛上涨了 8.7%，宁波上涨幅度则高达 19.2%。那个时候谈房价上涨，更多是谈及上述主要城市。而到 2003 年，随着所谓的温州炒房团的加入，甚至包括武汉、成都等内陆城市也都涨过一轮了，北京的房价也依旧未有大的改变。

在北京最热门的朝青板块一带，房价普遍都还在 4000 ～ 5000 元/米^2，而在刚刚开发的天通苑、回龙观及通州一带，大量住房售价仅仅在 2000 ～ 3000 元/米^2。

在那个时候，如果人们到浙江省或者苏南的某些县城，往往会发现，那里的房价可能都比北京要高。

北京房价的启动，是从 2004 年开始的。但一旦启动，其爆发的能量就让全国人民都吓了一跳。

当然，让北京房价在 2004 年爆发如此大能量的，最主要的是受房地产市场发生的一件大事的影响，那就是所谓的土地“8·31 大限”，从根本上改变了开发商获得土地的方式，此举成为土地出让方式变革的一道“分水岭”。也就是说自 2004 年 8 月 31 日以后，土地的出让方式由以前的协议出让方式全部转为招标、拍卖、挂牌的方式。停止土地协议出让，实行土地公开交易，直接带动地价的提高，进而也相应地促使了房价的上涨。

当时媒体用“大地震”等字眼来形容这场政策变动对房地产市场的影响。尽管当时曾有国土资源部相关官员明确表态，土地“招拍挂”不是房价上涨的诱因，但是当“8·31 大限”后，人们得知富力集团以 32 亿元巨资拍下广渠路东五厂用地；顺驰集团以 9.05 亿元的高价拍得大兴一号地；华润置地以 25.65 亿元天价拿下北京土地“招拍挂”以来面积最大的清河地块后，市场立即爆发了剧烈的震动，从而极大程度上改变了北京的房价预期。

“当初，富力拿地的时候，这里的中高档项目还非常少，售价亦较低，在 5000 ～ 6000 元/米^2 之间，与当时 CBD 高档公寓的 10000 多元/米^2

的售价相差甚远。然而，富力进驻之后，不仅区域内新入市的项目产品品质有相当大的提高，售价亦赶超当时CBD内公寓的售价水平。”乐城国际销售总监张榕曾如此回顾。

在住房需求加大和土地“招拍挂”政策的直接推动下，2005年，北京房价扭转了萎靡不振的局面，开始快速增长，当年平均住房价格就上涨到7176元/米^2。

北京房价从2005年下半年开始了真正全面的上涨，疯狂的时候差不多就相当于到了一日一价的地步。“千人抢房潮”“过户排队”“刚需急着入市购房”……类似这样的消息频现，房价每天都在上涨。以前述的朝青板块来说，很快就结束了5000元/米^{2}的房价，并直奔每平方米上万元而去。仅一年的时间，北京的二手房房价就上涨了70%左右。这一年的上涨特点是全城房价全面上涨，呈现你追我赶态势，并且学区概念尚弱。

受到房价疯涨的刺激，北京全市掀起了争相开建房产中介的热潮。往往在一条街上，就有七八家房产中介，出现房产中介多过米铺的现象，也因此成为北京临街门面房最多的租赁方。链家、我爱我家、21世纪、中原地产、中天置地、中大恒基等招牌随处可见，比其他任何一种店铺数量都多。

在这期间，尤其是链家地产获得了极大成功，逐步赶超了原先的业内老大——曾经是国内连锁房产中介领域开拓者的“我爱我家”，成为北京房产中介市场无可争议的王者。凭借着在北京这一波行情中取得的极大成功，后来链家开始了在全国各地扩张版图的计划，并逐步成为国内最大的房地产中介商。与此同时，类似麦田地产、鑫尊置地、千万家房产、恒洋地产等北京地域性的房地产中介商也开始迅速做大。此外还有无数不知名的小中介，也都在旺盛的市场中找寻到一个安身之地。

而在新建楼房方面，经过2005年年初接近半年的涨幅，北京的房价在6月达到了高位。北京的商品房预售平均价格为8884元/米^2，比2004年12月上涨了25.84%，同比2004年6月增长了32.22%，2005年4月，国务院启动了宏观调控的“国八条”，但北京房价却丝毫未受调控的影响，仍旧在持续上涨。

到了 2006 年，人们通过对 2005 年政策的观察确定房价上涨的事实，终于认识到，主要还是由于市场的土地供给不足导致的供应短缺所带来的房屋供给不足。

而市场在过去十年所积累的购买力的释放，让购买方始终需求旺盛，最终结果是 2006 年上半年房价再度一路上升，在 4 月达到上半年的高位，均价为 9012 元/米^2，同比 2005 年 4 月上涨了 17%。与往年不同的是，市场观望期缩短了，只观察了 3 个月，购买热情又大幅回笼，从 8 月开始，房价又开始大涨，人们对宏观调控的效果开始倍感质疑。

"万年花城"在北京西南三环外，当时属很偏僻的楼盘，在三个月的时间内经历了房价的飙升奇迹——2006 年 1 月份，销售价格为 5700 元/米^2，3 月份达到了 6600 元/米^2，而在 5 月发售的四期均价更是直接达到 7000 元/米^2。

2007 年房价继续暴涨。当年 5 月份，住宅价格出现了一次全国性的急涨。深圳、北京房价均呈现双位数上扬，上海又出现买房者连夜排队的壮观景象，大批二三线城市楼盘也持续火爆。

当时有媒体这样评论："从 2006 年的技术指标来看，土地供应短缺仍旧是房地产市场的主旋律，2007 年上半年，可供上市销售的房屋套数供应持续下降。今年（2007 年），一个住宅项目开盘要是销量少于 100 ～ 200 套都算是失败，人们为了买房需要托人找关系。市场的种种迹象表明，购买力的积蓄让我们不得不面对 2007 年年初房价大涨的事实。"

而即将迎来奥运也成为当时房价暴涨的导火索。事实上，自 2003 年申奥成功以来，伴随着政府对基础设施投入力度的加大，北京尤其是亚奥板块的房价更是水涨船高。包括世茂奥临花园、万达大湖公馆、媒体村等，亚奥楼盘共计推出近 1000 套房源。世茂奥临花园由 2006 年年初的 16800 元/米^2 上涨到 2006 年年底的 19000 元/米^2；亚奥 · 观典项目在 2006 年 10 月均价还徘徊在 11000 元/米^2 左右，而过去仅仅一年，其二期价格已达 18000 元/米^2。

同时，由于受当时推出的强制鼓励小户型，70% 商品房必须为 90 平方米以下住房政策的影响，2007 年上半年新盘的供应量减少，投资需求增加，出现房价暴涨也不足为奇。

位于北京 CBD 核心区的珠江帝景楼盘这几年的房价变化可以清楚地显示上涨的曲线。2004 年，珠江帝景销售均价已从开盘时的 6800 元/米^{2}上升至 9600 元/米^2，2005 年上升至 12000 元/米^2。到 2006 年 11 月 27 日，珠江帝景的销售均价已经达到 14000 元/米^2。进入 2007 年，珠江帝景更是数次调高销售价格，最频繁时，一个月调整两次以上。到 2007 年年底，珠江帝景的销售均价已经达到了 25000 元/米^2。

查阅合生创展 2007 年年报得知，北京珠江帝景销售额为 18.39 亿元，当年合生创展在北京全年的合约销售额是 35.16 亿元，珠江帝景所占份额超过了 50%。北京地区 2007 年合约销售之平均价为 17283 元/米^2，同 2006 年比较上升了 55.4%。而据 2008 年年报显示，珠江帝景销售额为 11.25 亿元，依旧占合生创展全年销售业绩的 9%。

大多数房产业内人士认为，北京房价的上涨始于 2004 年年底，在"8·31 大限"时期，土地中止协议出让正式进入"招拍挂"时代。此举导致土地供应量极大地缩减，而土地出让成本陡增，从而连带北京的新建住房供应量极大地衰减，伴随住房的旺盛需求爆发，北京的住房供给满足不了市场——也就是建的住房数量赶不上百姓希望购买需求的数量，最终导致房价出现暴涨。

不过，直到这个时候，2007 年北京的房价虽然比 2004 年上涨了 150%～200%，但还是没到疯狂的时刻，因为北京的房价比杭州的房价还是便宜很多。当时杭州江干区的二手住房，每平方米单价比北京海淀清河地区的房价要高 50% 左右。而在同时，温州房价甚至比杭州还要高。

2008 年的房价回落

疯涨的房价终于在 2007 年年底结束了。随着全球金融危机的爆发，中国的经济也出现了短暂困难，购买力的衰竭让北京房价在 2008 年出现了回落。

2008年全年房地产市场都十分惨淡，在北京房地产火热的时候开业的房地产中介店面大量关门，购房的人急剧减少，二手房鲜有人问津。房价的最低点差不多在2008年年底到2009年新年之前，相同楼盘二手房价格比2007年年底时低了20%以上。以天通苑楼盘为例，在2007年年底时一套上百平方米的住房售价达到120万元以上，而到2008年年底仅售价不到100万元了。

而在新建住房方面，受金融危机的影响，大部分资金链紧绷的开发商都开始进行降价销售。

自开盘以来价格一直在涨的珠江帝景亦开始降价了。2009年春节期间，合生的珠江帝景实行降价促销策略。均价从23000元/米^{2}大幅降至16000元/米^2，特价房的最低价仅为15500元/米^2。（不过仅几个月后，珠江帝景就又恢复了之前的价格。2009年6月27日，珠江帝景推出最后一栋楼，均价22000～23000元/米^2，这与特价房的15500元/米^{2}相比，提价幅度超过6000元/米^2。珠江帝景相关负责人为此辩解道："售价高的C9号楼是C区位置最好的楼栋，而春节期间15500元/米^{2}起的特价房是E区，无论位置、楼层和户型都是不太理想的产品。"最主要的原因其实还是北京房地产市场已经从2008年的下跌中恢复了元气，2009年6月30日，在北京国土局举办的土地拍卖会上，中化方兴力挫万科、中信、保利、华润、SOHO中国、远洋等公司，以40.6亿元的高价夺得北京土地出让单价和总价双料"地王"——广渠路15号地，"双料"地王就在珠江帝景对面。高价地频频诞生，成为珠江帝景售价上升的有力支撑。）事实上，直到2009年春节前，楼市还是一片寒冬，当时各楼盘的促销价、优惠价充斥楼市而无人问津。

几乎所有房地产开发商都过了一个愁云惨淡的春节。但是，春节过后，楼市就立即出现了转机，以"刚需"为代表的购房者迅速出现在各大售楼处和房产中介公司，楼市迅速回暖。有人形容，房价就如同来了一个蹦极，刚回落就迅速地蹿了起来。

从2009年5月份开始，促销手段几乎退出市场，"涨价"成为楼市的主题，每平方米1000元、2000元的涨幅已经成为普遍现象，部分项目甚至每平方米3000～4000元的涨幅，而投资型购买者入场后，迅速把涨幅拉到新的高度，相当一部分楼盘涨幅突破50%，甚至部分楼盘出现一倍以上的涨幅。

据北京亚豪房地产机构统计显示，1月份，北京开盘项目均价为13560元/米^2，到11月份的开盘均价为17550元/米^2，涨幅高达29.42%。但考虑到年初开盘项目主要集中在市区，11月份的开盘项目却多在五环以外，这样的涨幅其实小于同区域、同项目的涨幅。也就是说，实际涨幅要远远大于这一涨幅。

2009年与2005年的上涨极为相似，城区和郊区房价全面上涨，涨幅猛烈程度超过了2007年。同时，所谓的学区房概念逐渐凸显，城区和郊区涨幅开始出现分化。全城大多数小区的二手房涨幅都在80%～120%之间。

到了2009年年底，北京房价完成了城区价格全面突破20000元/米^2。然后，由于房价上涨过于猛烈，百姓反映强烈，终于导致“新国五条”房产调控政策的出台。2009年12月14日，时任国务院总理温家宝主持召开国务院常务会议，研究完善促进房地产市场健康发展的政策措施，要求遏制部分城市房价过快上涨的势头。很多人都认为：“中央用‘遏制’这个词比‘抑制’房价感情色彩要重一点，比稳定房价更严厉。”这一提法传达的信号更强烈，是2007年以来中央政府首次用到此词，“这表明中央政府对调控房价的姿态非常明确”。

但如此强烈的信号还是没用，2009年年底一直到2010年9月份仍维持了小幅上涨。到2010年，珠江帝景的销售均价已达30000元/米^2。

学区房的房价暴涨成吐槽点

学区房在此轮房价暴涨中受到了前所未有的追捧。2010年，北京市城区四环路以内价格全面突破30000元/米^2，不仅如此，连六环外的住宅期房均价也已经突破了每平方米万元大关。北京也首次成为全国房价最高的城市，远远抛离了十年前比其房价高出一大截的东部沿海地区城市，包括杭州、南京，还有曾经在房价上一直压制着北京的上海市，更不用说在此期间房价开始大跌的温州了。

2010 年“两会”前后，房地产市场上最红火的城市是通州。随着“北京政府东迁通州”“8 条地铁线覆盖”“新城将建成又一个 CBD”“打造运河水乡”……诸多的利好让那时的通州楼市各个楼盘几乎一天一个价，单价很快从最初的 10000 元/米^2 上涨到 20000 元/米^2，然后又突破了 20000 元/米^2，甚至最后突破了 30000 元/米^2 的门槛。

通州新城的规划在此轮房价疯涨中起了最重要的作用。通州新城的规划本来是为了疏散北京城区内过于集中的城市功能，也是为了缓解北京城区糟糕的交通状况。根据规划，通州新城实施并发展起来后，北京重要产业和相关部门必然会战略性地东移，对老城区的交通和人口压力会起到极大的缓解作用。大众认为，随着通州新中心的崛起，必然相应带来产业、人口、资金的聚集，房价上涨正是这一过程的必然体现。但是，通州的房价在经历了 2010 年 4 月猛涨后，11 月份很快又爆出单价直降 6000 元/米^2 的“通州第一跌”。

总体来说，“新国五条”政策出台后，住房需求受到了暂时的抑制，自 2011 年 2 月份一直到年底为止，房价一直在横盘，郊区的二手房价几乎没有大的动向，而市区则略有上涨。

然后在沉寂了一年之后，2012 年，北京房价又开始了新一波上涨。这一事实充分证明：“新国五条”只能起一个暂时的抑制作用，对北京的房价完全治标不治本。

此轮上涨呈现出与 2007 年和 2009 年相似而又不同的特点。相似点在于都在大家毫无准备的情况下突然上涨，并且呈现跳涨态势；不同点在于区域分化前所未有的明显。

不过，由于房价相对已较高，这一年涨幅相对较为缓和，城区房价涨幅在 20%～30%。学区房依旧延续了强势，涨幅在 20%～40%。2013 年 3 月底，北京海淀区华清嘉园，一间 37 平方米的学区房叫价 350 万元，此消息在微博上爆红起来，震惊各路网友。网友纷纷表示：五道口才是北京的核心、宇宙的中心。在舆论的压力之下，卖房人撤下房屋出售信息，连喊“不卖了”。然而，一周后，该天价房再次现身。事实上，华清嘉园地处四环之外，原本非城市中心地段。

有记者对这一现象进行探访，发现这一房源在之前还只是报价 250 万元，仅仅 5 个月左右，价格就已上涨 40%，而业主敢于报高价的原因是这一小户型在该区域房源不多，为学区房的最低总价。一套标榜“中关村第二小学学区房总价最低”的华清嘉园 37 平方米一居室，业主报价赫然写着 350 万元，折合单价约为 94600 元/米^2。加上税费等全部计算下来，每平方米的购房成本约等于 9.86 万元，接近 100000 元/米^2 的单价。

对此，该楼盘的开发商任志强在微博上感叹道：“当年开盘价格才 4000 多元/米^2。”

为此，来北京打工的网友“周伯通招聘”则笑称：“100000 元/米^2 的房子区区几千元就能租到，小周表示非常的幸福。作为外来进京务工人员，不需要北京户口就能够住在五道口这样世界一流的高端社区里，小周表示非常傲骄和自豪！2000 年时才 4000 多元/米^2，如今仅涨了 20 多倍，真不贵!”

华清嘉园是北京学区房的典型，它位于北京市高等学府最集中的地区，毗邻清华大学、北京大学，交通方便，小区内就有启明双语幼儿园和中关村第二小学华清校区，后者则是吸引众多家长关注的焦点。让房产中介和业主们常挂在嘴边的就是这一小区拥有的学位是六年一循环，可以重复使用。

不过，与北京市核心城区的学区房相比，华清嘉园学区房的价格是“小巫见大巫”。

位于北京市二环内、西城区文昌胡同的一套 11 平方米的平房，只是简单装修，但价格高至 230 万元，单价约为 210000 元/米^2，仅仅是因为该房源是北京实验第二小学的学区房。另一套 15 平方米的平房，总价为 250 多万元，单价约为 170000 元/米^2。

而在北京市重点小学资源集中的区域，已经形成了几个颇具规模的热点学区房板块，如中关村地区，包括中关村、学院路以及万柳；东城的东四板块；西城的平安里板块；朝阳区朝阳门板块等。而根据《工人日报》的一篇报道称，2013 年，北京市海淀区、西城区、东城区的学区房均价已高达近 100000 元/米^2。

但是，人们依旧对当时几个月来的价格感到瞠目。“2012 年 9 月这里的房子均价才 45000 ～ 50000 元/米^2，小户型的才 60000 元/米^2，那时就已经是天价了，但在短短半年的时间里，每平方米涨了 1 万元。”

2014 年北京房地产降价

当然，很多人都注意到，除了房屋供给少之外，北京市房价几次上涨还有一个相同点——那就是信贷政策非常宽松。在房价涨幅最大的 2007 ～ 2012 年间，购房者申请商业贷款 8.5 折都非常容易，而且贷款发放很轻松，不会遇到什么阻碍。2009 年更容易，贷款可以申请 7 折的折扣，申请贷款非常方便。

而自从 2014 年年初开始的一波房价下跌后，利率开始收紧了，银行给首套房也不打折了，而且放款周期变长，银行申请贷款往往需要 2 ～ 3 个月。

在 2014 年年初的时候，北京房价上升至最高点，并在随后开始了一年多的房价回落过程。

在 2014 年年初时，劲松附近“满五唯一”的老房子（即房主购买该住房已满五年，同时是房主唯一一套住房，由于购买这类住房过户所需缴纳的税金较少，所以最受购房者青睐）已达 40000 元/米^2，而在 2015 年年初同样的房价已经回落到 35000 元/米^2 以下。位于东四环百子湾，紧靠 CBD 的沿海赛洛城 57 平方米左右的全南向开间，“满五唯一”的房子，在最高时曾卖到 230 万元，而在 2015 年年初成交价已经在 200 万元以下。

2013 年年底，学区房华清嘉园被爆出均价超 100000 元/米^2。2014 年

9月，据链家地产数据显示，华清嘉园成交均价约为60000元/米^2，半年跌了约40000元/米^2。

位于东五环外的北京像素57平方米LOFT，最高时曾卖到225万元一套，而在2015年年初，最低价已经降到166万元一套。

东三环双井合生国际137平方米的三居室，2013年卖出时的市价是750万元，到2015年年初则以600万元急售。房屋总价直接降100多万元，而房屋还是无人问津。

但在下跌一年之后，随着房地产去库存等政策的开启，此外自2014年下半年开始，央行累计六次降息五次全面降准，贷款利率已经降至最低，市场流动性也较为充分，加上减税、降首付等一系列救市政策的颁布，在这样的情况下，北京的房价才重新走上上涨之路。

北京房价再度上涨周期落后

此轮房价上涨的第一张牌是从深圳开始的。2015年上半年，仅用了半年的时间，深圳房价就实现了翻倍。据深圳市规划和国土资源委员会数据显示，9月份首周新房成交均价达到70025元/米^2，环比上升54.5%，深圳也一举成为全国房价最高的城市。根据莱坊汇编的各国官方数据显示，深圳还以62.5%的季度房价平均涨幅雄踞全球榜首。

继深圳之后，2015年年中，上海的房价也开始暴涨。一年来，深圳房价上涨幅度超过100%、上海房价上涨幅度超过60%。

而北京则如同2009年年初那样，最初深圳、上海大涨的时候，并未有大的涨幅，2015年，北京的房价都在低位徘徊。但是在2016年过完春节之后，北京房价终于一个筋斗跳涨起来。尽管在2016年春节前，官方一系列密集的“房产去库存”政策大都将京沪等大城市排除在外，央行持续施行货币宽松政策，特别是房地产供给出现断层，北京的房价终于出现了“迎风涨”的效果。

据北京亚豪房地产机构统计显示，当年2月，北京仅有3个新盘供应，开盘量均过百，开盘价就出现1000～2000元/米^{2}的上涨。然而这三个涨价楼盘一经入市还是受到购房者的极大欢迎，其中恒华湖公馆1小时售罄，金融街（长安）中心也仅用了2小时即告售罄，此后，便揭开了北京房价开始暴涨的序幕。

在二手房交易方面，据链家地产统计数据显示，1月份北京二手房共成交26617套，环比上涨5.64%，同比2015年上涨91.48%。而1月份北京二手房的成交均价为40619元/米^2，环比2015年12月上涨2.84%，同比2015年出现17.52%的上涨。

3月，北京的销售数据一出来就非常惊人，当时北京二手房均价从2月的37655元/米^{2}变成了3月的39286元/米^2，环比上涨4.3%。

在过去一年高价土地成交的带动下，曾因供应过大而让人担忧的北京豪宅市场也很热闹。位于北京北五环的润泽御府以3亿元的价格成交了2300平方米的一套楼王产品，创下了2016年至今全国单套成交价最贵的纪录。

在连续的高位运行之后，从2016年的7月开始，北京房价又开始了一轮新的涨幅约为30%的上涨。

对疯涨的住房市场，《华夏时报》的一篇文章生动地进行了描述：

“近日，记者在北京不动产交易大厅，看到到处是焦灼的面孔，在人满为患的大厅内，人们为了排队交易而焦急地等待着。

而在东城区一间链家门店，负责人告诉记者，最近业主诚心出售的房子都卖得差不多了，成交很快，成交量很大，房源越来越少也越来越紧张，价格就噌噌地涨上去了。

而天通苑一麦田房产门店的房产中介则告诉记者，现在虽然买主很多，但是成交一套房子却很不容易，因为诚意卖房的业主少了，业主不断坐地起价，一套房隔天涨个30万元的情况太多了。

最近一直计划购房的李女士告诉记者，其在中秋期间看房，本来看好了一套，隔了一天就被人抢了，也不知道是中介故意的还是真的这么抢手。后来又找了一个房屋中介，说好300万元，一说去看房，就瞬间涨到330万元了，弄得自己很郁闷都没去看房了。

‘最近我还看了一个新楼盘，也不临近地铁，也不是学区房，也就两三周时间吧，看的时候是31000元/米^2，现在都36000元/米^{2}了。’李女士告诉记者，因为是在房山区域，自己一开始看房没有做很高的预算，觉得260万元到280万元之间还能接受，后来真是越看价越高，最后觉得300万元也行，看到现在觉得400万元也能接受了。

链家地产相关负责人告诉记者，买方的买涨不买跌、卖方的持房待涨，以及银行宽松的信贷政策，联合作用推高了北京的楼市，包括疯涨的二手房市场。”

北京成交量的飙升直接带来了库存的骤减。

据2016年8月的统计数据显示，北京新房价格环比上涨3.8%，二手房价格环比上涨3.9%。中原地产首席分析师张大伟表示，当月北京房价环比涨幅为5个月以来的新高。另外，当月北京二手房成交量达到了25670套，环比、同比均出现了明显的上涨。而与此同时，2016年前8月北京商品房住宅供应刷新历史最低，仅供应了18399套，同比减少37.2%，供应量与供应面积均刷新了历史最低纪录。同时成交量依然低于2015年，商品房住宅合计签约32964套，同比下降了10.7%，但成交面积却达到了491万平方米，是最近3年的最高点，大户型成交比例明显上涨。此外，成交均价达到了35424元/米^2，这也创造了历史最高点。

而受全国大中城市房价数度“亢奋”的影响，交易参与者也是备受煎熬——买方“抢房慌”，卖方“违约急”。

在受冲击最大的8月份，很多房产中介都会接到卖方电话，提出“我要毁约”“来告我吧”的事情，而在房价相对平稳时这一现象很难出现。

“都是利益在作怪。房价大涨后卖家想将房子卖出更高的价，所以出现了违约。”有业内人士评论说，在北京，一套房在八九两个月内跳升百万元，是很正常的现象。

除了货币宽松之外，在房价疯涨的原因中，股市不挣钱、期货不挣钱、炒金不挣钱，没有什么让人满意的投资渠道，现在只有投机楼市了。

当然，北京房价不断暴涨，最主要还是北京的房子紧俏。为什么北京的住房如此紧俏呢?

从需求方面说，北京是我国的政治文化中心，拥有全国最大的公务员阶层；拥有规模庞大的国内驻京办事机构工作人员；拥有规模庞大的涉外机构工作人员，由于行政级别、职称、学历等原因，这部分人的住房消费能力都很强。

而自 2001 年全国户籍制度改革以后，外地人口的增多使北京本身已有较大的住房需求变得更加膨胀。我国 GDP 一直以来平稳增长，2006 年以 10.7% 的增幅达到 20.94 亿元，是 1997 年以来增长最快的年份。GDP 创新高，通常也就意味着老百姓的钱袋子又鼓了一些。于是，富裕起来的城市居民，由于子女上大学、建立第二居所以及他们的子女在北京发展等原因，纷纷到北京购房。于是，北京的住宅市场开始承受起来自五湖四海的人们的购房需求。据《楼市》市场研究部统计数据显示，在平均每年有 20.2 万人涌入北京所产生的购房需求下，北京房屋销售套数开始以超过 100% 的速度增长。

而从供给上来说，北京土地稀缺，供应量正逐年递减。到 2016 年 8 月，北京楼市库存数据仅为 5.8 万套，同比下降了 23.7%，非常明显地显示了住房供不应求的情况。一地难求的现状不仅令可售商品住宅的库存急剧下降，也成为开发商惜售的动因之一。据北京房地产业协会秘书长陈志透露，在这样的情况下，2016 年北京供地规模与前一年相比也还“略有下降”。

而中原地产首席分析师张大伟称，2016 年前 8 个月，北京商品房住宅供应刷新了历史最低，仅供应了 18399 套，同比减少 37.2%，供应量与供应面积均刷新了历史的最低纪录。而仅在 8 月，北京的二手房成交量就达到了 25670 套。

供给的极大缩减，使 2016 年 10 月份北京市出台的更为严厉的“住房限购”政策也失去了效力。仅仅在短时间的停顿之后，进入 2017 年，北京市的房价又急剧地上涨起来，甚至出现了一日上涨数十万元的闹剧。

“多等几个月，一套房就可能省下几万元，买房急不得。”这句话在 2002 年前确实应验过，在 2008 年以及 2014 年，也曾经短暂应验过。但总体来说，假如在2004年之后，一直相信这句话，那么你在买房的道路上很可能多付出的就不是几万元、几十万元的钱财，而是百万元、几百万元甚至可能是上千万元的代价。

当然，在本书定稿前，北京市为严厉打击房屋炒作，又出台了一系列极其严厉的限购和限贷政策，这些政策已经被广泛传播，在这里就不叙述了。除了限购、限贷之外，本次调控据说还将同时配套土地供应增加的举措。笔者认为，如果土地供应增加举措确实能实现，那么北京房价上涨的势头将很可能会暂时受挫，让北京房价重演2007年与2014年短暂下跌的一幕，出现一轮20%左右的跌幅。

北京房价与青岛房价涨幅悬殊的原因

与很多人的印象不同，北京的房价并非没有便宜过。甚至在1999～2003年间，北京的商品房销售价格还曾出现一个明显的下降。在1998年期间，北京的房价也曾动辄8000～9000元/米^2，而到了2002年期间，天通苑、回龙观的很多新建住房，即使买房者没有任何关系，完全的市场价，也就2000多元/米^2，甚至在2003年，朝阳区青年路一带的新房房价也是3000～4000元/米^2。

而同期，一个典型的二线城市青岛市区的房价普遍都在5000元/米^2。自2003年过去十几年以后，北京的房价上涨了10～20倍，而同期青岛的房价仅仅上涨了3～4倍。

为什么2003年前北京的房价会这么便宜呢？主要还是因为那个时候北京的土地供给量特别大，新建住房数量特别多——住房供应量大。

北京土地和住房供给量最大的时期应该是在2000年期间。虽然没有找到那些年住房供给量的数据，但普通人都能感觉到在那段时间北京住房建设的规模之大，足以令人为之咋舌。

在供应规模上，除了城市继续围绕主城区周边扩张之外，还新开辟了回龙观、天通苑、望京、通州等几个当时尚处在远郊的、完全崭新的大型住宅区。仅仅在那四五年的时间里，北京就兴建了数量庞大的新建住宅。直到现在，这些当时大量建造的住宅还在让所有身在北京的人持续地受益。

这也就是在那段时间里北京的房价能够持续下降，房价也特别低的原因。实际上，北京的房价重新开始大幅上涨是在2005年期间。

当然，造成这种上涨原因的酝酿期还要在2005年之前。前面已经介绍过，应该在2002年期间，因为土地要控制，北京的土地供给开始逐渐收紧，然后又经过两年的酝酿，住房市场上这种供给的突然减少后果逐渐显现——市场上住房供应量急剧减少，导致北京的房价自2004年开始进入第一轮的急剧上涨。

北京的土地供给是如何收紧的？其中有多个原因。

其一，国土资源部出台了严格的土地政策，严格限制土地的审批转让，并制定出了每年每一座城市全部的建设用地的总量。导致整体上各地政府在土地转让方面更加谨慎，不再像以往那样按照需求大量供应地块。

在国土资源部的土地控制行动中，1997年，杭州市成立土地储备中心，之后，杭州全市土地就由国土管理部门统一调控，实行严格的土地招标拍卖制度，禁止一切协议出让行为。2001年11月，杭州被国土资源部确定为全国国有土地资本运营的试点城市之一，随后杭州的经验被推广到全国。

这是对全国城市建设用土地供应量打击最大、也是最关键的一项政策。从此之后，全国所有城市的土地供应都受到了严格的监管和控制，再难以较为宽松地放出土地了。此后，中国很多城市的房价也就走上了上涨的不归之路。

其二，原先房地产开发企业除了可以从市一级政府部门拿地之外，还可以通过其他途径拿地。比如搬迁的工厂区、拆迁的居民区，都可以成为开发商的一个重要土地供应地。早期，体制上对一些县镇一级政府的土地控制还比较宽松，于是很多县镇机构利用自己的这些自主权也都大量供应土地。但是，随着后来出台的规范土地转让的政策，逐渐让这些渠道断绝了，这是影响并最终减少土地供应相当关键的一个因素。

2002 年期间，首创集团在北京亚北温榆河投资兴建占地 2500 亩上城国际花园；珠江地产在通州工业区开建占地 3000 亩珠江国际新城；万科地产在京通黑庄户开发占地 5000 亩新楼盘，都是通过北京市下属的区县批到的土地。而这也是在那几年里，北京的住宅开发量特别大，房价也相对比较低的一大原因。

其三，在 2000 年之前，国内曾掀起过大建开发区的热潮，很多地方都办起了开发区，然后就可以在建设开发区的名义下大量提供土地以供建设用地进行使用。但在 2001 年期间，许多媒体开始大量曝光“乱建开发区”的现象，导致大量开发区被裁撤，没有被裁撤的部分，面积也遭到了很大缩减。

如果开发区批准设立，那么就可以在政策上得到大量合法的建设土地出让，但这条途径失去之后，就直接减少了大量建房土地的供给。

其四，以往各城市对建筑的密度并没有特别严格的规定，因此建房的单位一般都倾向于将建筑物建得非常密集（关于这点，只要看一看中国大多数城市老城区的面貌就可以知道了）。但在 2000 ～ 2003 年期间，一方面是在政府的倡导和要求下，另一方面也是在部分地产企业造高品质住房经营策略的引领下，低密度住房在一段时间内成为商品住房建设的主流。导致同样的土地出房率降低，这也是那两年房价飙涨的一个原因。

当时，很多房地产业内人士以及相关政府部门考察了欧美以及新加坡等地之后，看到这些“先进国家”住房容积率水平一般都很低，便提出“我们不应该违反这一规则”，因而要求住房降低容积率。许多开发商在那时就纷纷打造低密度的住宅，并将较低的容积率看作是住房建设上档次的一个象征。

很多媒体也推波助澜，纷纷称：“为优化人居环境……应加强对城郊接合部的十大边缘居住集团的规划，适当控制建筑密度……已建成的望京居住区密度过大，塔楼林立，居住环境欠佳，当初规划之时缺乏长远眼光，今后应吸取教训。”而有关政府部门更是表示：“凡容积率超过

1.3 的房地产项目，一律不批。”通过这样的严格控制，整体居住环境得到了提升。

北京自从收紧了土地的供给，直接造成新建房屋数量减少。与此同时，北京的人口扩张却大大增加了。原因就在于大量涌入的，而且直到今天仍旧在继续涌入的外来人口。

我们每个人都可以看到，每年都有大量的大学毕业生到北京寻梦，越来越多的外地人涌入到这座巨大的城市里。这是非常正常的现象，是我国在市场经济环境下，资源进一步自发按照经济规律配置，得到更合理使用的必然结果。

但住房供应远远赶不上这些外来人口涌入的速度。从根本上来看，是在这样强劲的需求，即所谓在“刚需”的直接推动下，北京的房价不断地创出新高。

第二章

上海房价涨跌与北京并不同步

在过去的20年，同北京一样，上海的房地产价格也经历了数次大涨大跌，明显的波动过程甚至比北京还要多一次。涨跌的时间段也与北京不同，尤其是第一次上涨期，明显要比北京早了数年。最不同的是，在上海楼市的第二次降价时期，同期北京楼市还在暴涨。

从低落到高涨，旧城改造温州炒房团

同全国多地的情况一样，上海房价也曾出现一段长期低迷甚至下跌的过程，但上海是国内最早走向暴涨模式的城市之一。

1992 年，上海出现房地产热，房价迅速攀升，到 1995 年几乎翻了一倍；1995 年，上海市楼盘产出量达到历史巅峰，但由于国家宏观调控政策出台以及国际资本向西方回流等因素，抑制了房地产需求。更主要的原因是，上海市极大规模地扩张了住房的供给，尤其是在浦东建设了大量新建小区，结果让上海楼市出现供大于求的不平衡状态，空置房大幅上升，造成房价全面下跌。

1999 年 10 月，上海住宅价格、办公楼和商场的租金价格下跌幅度都在 25% 左右，达到最低位。1996 年，市中心区之一的静安区，曾爆出“每平方米仅售 2800 元”的新闻。笔者的一位朋友，1999 年在浦东崮山路一带买了一套 100 平方米的住房，仅仅花费了 20 万元。

但这种情况从 1999 年 11 月起开始被打破，比北京要早得多。上海市住宅价格开始回升，2000 年 6 月，办公楼价格也开始了回升。

在 20 世纪 80 年代之前，绝大部分房子都是属于国家所有，私人住宅拥有率为零。1978 年经济体制改革后，中国才开始实行土地使用权和所有权分离，才有了现在的房地产私有权，我国商品房才开始流行。1998 年 7 月 3 日的国发［1998］23 号《国务院关于进一步深化城镇住房制度改革加快住房建设的通知》，意味着住房正式开始货币化。

事实上，20 世纪 90 年代，机关单位、事业单位、工厂都有单位集资房分配，上海房地产几乎没有交易市场，房屋也并不值钱。甚至出现了不少夫妻双方单位都有房屋分配的家庭，按照当时的分房政策，其中一方必须放弃另一套成本价集资房。还有些家庭为了省几百块手续费，不愿意把集资房转成商品房。

而当时的情况是中国开始进入了经济发展的新周期，职工收入增长速度加快。与此同时，国家机关、事业单位职工住房分配货币化政策开始全面实施，激发了居民住宅消费热情。同时，内外销商品房实施并轨，意味着外国人可以购买传统意义上的内销商品房了。

特别关键的一个原因是，上海开启了新一轮的旧区改造，每年达到200～250万平方米，货币化动迁“催化”了居民改善住房的愿望。事实上，直到2000年，上海人均居住情况都还比较落后。据上海市第5次人口资料普查数据显示，上海人均建筑面积为24平方米，户均2.1间房，在全国处于中游水平。尤其是市中心9个区人均建筑面积仅16平方米。居住水平在全国大中城市中仅居中游水平。2000年，上海人均GDP突破4000美元，城镇人均居住面积为11.8平方米，而1998年深圳人均GDP突破4000美元，城镇人均居住面积已达15.3平方米。上海人的居住水平明显滞后于经济发展。所以，人们希望改善居住条件的欲望十分强烈。上海已有大批市民进入新一轮住房消费，购置第二套房。

2000年，上海房价暴涨，从2000～2002年，上海房价的涨幅都超过10%，此时，上海的房价正式开启4000元/米^{2}以上的时代。而以此作为起点，也开启了中国的房地产市场漫长而又凶猛的上涨过程。而更具典型意义的是，当年，在全国各大城市的房价排名中，上海超越北京，一举成为全国住宅最昂贵的城市。2002年，北京的住房均价为4265.4元/米^2，而上海的住房均价则上升到4700元/米^2。

当然，房价加速上升的原因，除了以上需求方面的利好外，最直接的原因是在2000年之前，上海已经连续数年土地供应量缩减，在1999年达到了最少量，加上建设周期的影响，该年供应土地建设商品房上市期是2002年。事实上，在2000年，上海市商品房销售面积就再次超过当年竣工面积，新建商品房销售量约1600万平方米，存量房仅剩约750万平方米，总交易量超过2300万平方米，供不应求的趋势已经相当显著。

2002年，上海申办世博会成功，进一步激发了上海楼市的能量。还有人指出，2003年国发［2003］18号《国务院关于促进房地产市场持续健康发展的通知》也对房地产有了极大的助推作用。种种因素的集中爆发，让上海的房价出现了疯涨的局面。

上海楼市呈现新建商品房疯狂旺销，一是由于商品房保值、增值观念深入人心，消费者购房观念已经转移到购房能保值、增值的层次上了。连续几年房价持续稳中有升，使已购房者的家庭资产增值不少，这刺激了人们将更多存款投入到住房上，投资购房比例不断上升。这些因素使上海新建商品房交易量继续保持升幅，当年房产交易面积超过2000万平方米，不少新开楼盘出现了通宵排队购买的特殊景象，所有新开楼盘价格全线飘红。

二是2002年是上海新一轮旧区改造开始的第一年，是城市动迁规模极高的一年，涉及面有近十万户家庭。不少动迁家庭采取自行购买新建商品房的方法，以迅速改善居住条件，成为那两年购房的主力军。于是，3500～5500元/米^{2}的商品房成为市场上的抢手货。随着上海作为建设中的现代化国际大都市及金融中心，许多企业提供了就业机会，吸引了越来越多的人才来沪工作。于是，新上海人立即加入上海的购房大军，“海归族”成为颇具实力的购房群体。在上海人购房依然处于主力军地位的同时，外地和外籍人士购房的比例也在提升。据上海房地产交易中心统计数据显示，2003年前三个季度，来自外省市和境外人士的购房比重，已从2000年的16%和2%，分别迅速上升至19%和5.7%；其中外省市人士在沪购房20000多套，与2000年相比上升近20%；境外人士购房6000多套，同比增长两倍，购房数量占上海市预售商品房总套数的25%。

在这一系列因素的影响下，使当年上海房价涨幅高达33%，上海的新建商品房均价接连迈上5000元/米^2，最后成功站上了6000元/米^{2}的台阶。在那段时间，上海楼市甚至出现了一日一价的场面。当你看好一套房子而没有及时买下来，第二天再问，房子就已经上涨了数万元。《上海楼市》杂志当年的一篇《2003上海楼市9大怪状大好背景下的荒诞剧》的文章形象地展示了当时的场景：

“××楼盘上月的售价是多少？”

“均价7500元/米^2。”

“这个月呢？”

“8000 元/米^2。”

这一年，买房人常听到类似的对话。在徐家汇、陆家嘴地区，某些楼盘甚至超过单月上涨 3000 元/米^2 的涨价记录。闸北的房子卖 1000 元/米^2，张江的房子卖 8000 元/米^2。真是“人有多大胆，地有多大产”。

楼盘开盘价通常取周边楼盘售价的中间值，此后每隔一个月，房价就会往上调 200 ～ 500 元/米^2 不等，直到房子全部卖完为止。而那些周边没有其他在售楼盘可作参照的新楼盘，其开盘的销售价格则往往是“天价”。像卢湾区打浦桥的一个楼盘，周边没有楼盘与之竞争，开盘价竟然达到了 15000 元/米^2。附近刚交房的一些次新房的二手房挂牌价格也只有 9000 多元/米^2。

温州炒房团兴风作浪，上海本地投资者迅速跟风，外地有钱人趋之若鹜，国外热钱滚滚而来。快速上涨的房价，让当时的房产中介人员和公司，特别是二手房中介，有了一个不错的发财机遇。笔者认识的一个朋友，2001 年从山东的临沂来到上海开了一家房产中介，最初甚至没钱在外面租房，晚上只能在店里随便搭一个地铺休息。但仅仅一年的时间，房子、汽车都购买了，而到 2005 年，其手中已经有了十套住房，数辆豪车，甚至开了十家房产中介连锁店面。

财富效应，加上二手房成交的火爆，吸引了越来越多的房产中介介入。在一段时间内，浦东世纪公园附近的锦安西路上的临街商铺几乎全被房地产中介所占据。仅锦绣天地这一排的商铺，最多的时候就有 23 家房产中介。如果算上街对面、转角的东绣路上和边上的东建路上，房产中介的数量超过了 50 家。

不过，与北京、广州等房产中介行业很早就被少数大公司占据了垄断地位不同，上海一直都以单店经营，以及小规模连锁的房产中介公司占据主流位置，大型公司的垄断力并不强。

2005 年北京房价暴涨而上海房价下跌

上海疯涨的房价在 2005 年年中的时候出现了拐点，随后进入了一年多的下跌过程。这也是中国楼市开启了疯涨模式后，第一次出现明显的房价下跌情况。

一直到 2005 年 3 月，上海的楼市还延续上一年“火爆”行情，新盘高开高走，购房者依旧排队抢购。售楼员还都一律像过去那样拉长着脸，不耐烦地敷衍着客人。“房价还要上涨!”开发商普遍看好市场走势，有的惜售并待价而沽。

而此时上海的平均房价已经名列全国城市首位。

也就在当月，央行取消房贷利率优惠，针对投机炒房行为和过高的房价走势出招了。第二季度，各类限制炒房、炒地的房产调控政策连续出台，“国八条”等开始迅猛地砸向了房地产业（很多人感到奇怪的是，这些政策在上海管用了，而在北京却完全不管用。其根本是上海的房价已上涨了很多，是强弩之末，并且，由于市况太好，开发商为抢抓机遇，纷纷加推了很多住房——当然这也得益于上海在之前房价暴涨时期，为应对而多推出了很多土地。而北京却是对原先落后的补涨，土地还有所收紧）。

最初，上海行业内人士也大都抱着观望的心态，开发商还沉浸在过去天天大涨的好日子里，延续着一季度的销售策略，不愿割肉降价。而原本想要买房的“刚需”们，突然发现了房价看跌的苗头，盼望继续的下跌心理使他们捂紧了钱袋，都按兵不动、持币观望了，整个市场开始进入僵持状态。而房子在握的投资客，有些自恃已赚了不少，降价逃市，有些不忍降价的，只能做“打持久战”的准备，由售转租。

第三季度，政策调控的信号已清晰地传递给消费者和开发商。据统计，2015 年 6 月，上海市区有一半的楼盘销售业绩为零，越高档的房屋越难卖，能不退房已经万幸。售楼处的看房员重新积极了起来，开始满脸笑容地迎接所有的看房者。进入 7 月份，市场形势逐渐明朗，整体走弱不可避免。撑不住的中小开发商首先开始“跳水”，在资金压力下不断推出了区域最低价，直接降价 20% 已不稀罕，而那些大牌开发商中除了小部分还在坚守高价外，大部分也开始通过打折、特惠、购房送大礼等活动进行销售。

先是万里板块出现连续新低，后有九亭板块、大三林板块等，降价促销风由中内环开始，向中外环扩展，也部分影响到内环以内的楼盘价格。

在二手房方面，有朋友详细记录了 2002 年 6 月到 2005 年 3 月上海梅陇地区的二手房房价的走势（如图 1 所示）。样本地区是梅陇地区靠近锦江乐园地铁站（步行约 10 分钟）附近地区，样本房型：约 65 平方米，二室一厅，建于 1995 年前后。

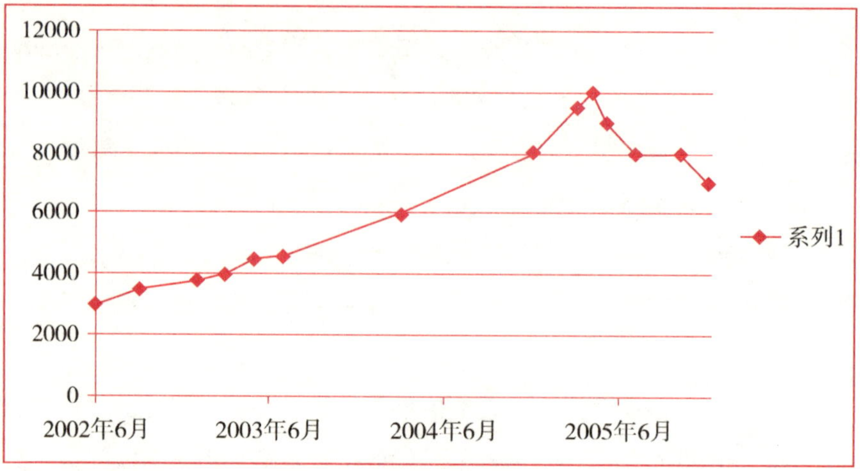

图 1　上海梅陇地区 2002 年 6 月—2005 年 12 月的房价走势图（单位：元/米^2）

2002 年 6 月挂牌价为 3000 元/米^2；2002 年 9 月挂牌价为 3500 元/米^2；2003 年 1 月挂牌价为 3800 元/米^2；2003 年 3 月挂牌价为 4000 元/米^2；2003 年 4 月挂牌价为 4500 元/米^2；2003 年 6 月挂牌价为 4500 元/米^2；2003 年 7 月挂牌价为 4600 元/米^2；2004 年 3 月挂牌价为 6000 元/米^2；2004 年 12 月挂牌价为 8000 元/米^2；2005 年 3 月挂牌价为 9500 元/米^2；2005 年 4 月挂牌价约为 10000 元/米^2；2005 年 5 月挂牌价约为 9000 元/米^2；2005 年 7 月挂牌价为 8000 元/米^2；2005 年 10 月挂牌价约为 8000 元/米^2；2005 年 12 月初实际成交价为 7000 元/米^2。

由以上记录可见上海房价在此期间的走势。

整个 2005 年四季度，上海市的新房日成交量维持在 700 ～ 800 套之间，与高峰时期相比有较大缩减，而可销售住宅却在不断放量。

其实相比当年“国八条”等政策的刻意打压，上海市政府推出的“两个1000万工程”（1000万平方米配套商品房，1000万平方米中低价房）对房价的压制作用更大，使上海房地产市场的土地供应量、新开工面积、施工面积、批准预售面积都在加大。2003年1～10月，上海全市共出让商品住宅用地为1616公顷，同比增长46.7%，全年供应量超过2600公顷；商品住房新开工面积为2197万平方米，同比增长23.6%，全年达2700万平方米；商品住房施工面积为6404万平方米，同比增长23.9%，全年达7000万平方米；商品住房批准预售面积为2163万平方米，同比增长22.9%，全年达2500万平方米。自2002年以来，上海开工的重大工程商品房和中低价商品住房陆续竣工。据统计数据表明：2003年全市施工面积达7000万平方米，2003年全年土地供应量达2600公顷左右。

这在当年堪称巨量的供给，对整个市场产生重大影响，凭空增加这么多的房源，导致了短暂的供大于求，这才是让上海的房价出现下跌的最大原因。

事实上，从楼市火爆期开始，上海商品房几乎一直存在供不应求的局面，2003年至2005年，上海商品房的需求量基本与供应量持平。这种情况在2005年后发生了改变，据2006年的数据显示，商品住宅去化量（销售+出租）占供应量（竣工面积+上年空置面积）的89.27%，供应没有被全部消化，导致了楼市的下跌。据统计，当时上海全市各类住宅成交量为239303套，总面积为2480.07万平方米。

正值上海楼市下跌时，北京楼市在同期2005年和2006年却正处于疯狂大涨的状态，甚至到了一天一价的地步。不过，虽然有媒体称当年北京房价已超过上海，但实际仍难与上海相比。以相同地域相比，上海内环以内的商品房均价一直维持在15000～17000元/米^{2}之间，而北京三环以内的商品房均价一般都维持在11000～13000元/米^{2}之间，两地中心城区尚有4000元/米^{2}左右的差价。

此外，还可以通过这之前数年上海市居民的人均年收入与商品房销售均价的比值看出，虽然上海的人均可支配收入一直在增长，但显然与上海房价的增长并不成正比（如表1所示）。

表1　上海人均收入与房价关系表

项目	2002 年	2003 年	2004 年	2005 年	2006 年
城市居民家庭人均年可支配收入	13250 元	14867 元	16683 元	18645 元	20668 元
商品房平均销售价格	4121 元/米^2	5118 元/米^2	6385 元/米^2	6698 元/米^2	6500 元/米^2

不过，这一下跌过程到 2005 年 12 月就开始站稳了，2006 年上海楼市开始在低位盘整。到了 2007 年，乘着北京等城市楼市疯涨的东风，上海房价又开始重新大涨起来。

暴涨与短暂下跌的循环往复

实际上，早在 2006 年年底，部分上海地产业界人士就已经开始不断议论上海楼市进一步上涨的问题，但都估计时间要等到年底以后。一些地产业者也认为，经过前一轮宏观调控价低，可以开始伺机准备进场，而包括北京等其他城市的大涨也鼓励人们进入。

不过，由于受大量库存住房的影响，直至 2007 年第一季度，上海商品住宅价格相当的稳定，但成交量已经开始暴涨，原先巨大的住房库存被迅速地蚕食，当住房库存被削减至一定水平时，房价也逐步发生了变动。从当年第二季度开始，房价开始一点点地加速上涨，到 2008 年第二季最为疯狂，顶点在 6 月份，所有新建住房成交单价超过 17000 元/米^2。

最初的上涨是从高端地产项目开始的。以浦东世纪公园板块为例，周边高档别墅仅一年内价格涨了一倍多，其中独栋别墅从 30000 元/米^2 一下子涨到 70000 元/米^2。据古北二期、浦东绿城，陆家嘴滨江楼盘传来的消息，房子越贵越好卖，越贵卖得越快。高端房产价格涨幅远远高于低端房产，主要是由于相对于低端房产，高端房产供给更加稀缺所导致。而高端二手房约有四成被外籍人士购买，在余下的六成购买者中，大多数是来自全国各地包括上海的高收入者。

3 月，上海二手房成交量普遍上涨 50% ～ 70%，持币观望的购房者逐步踏入楼市。内环线以内每平方米单价在 2 万元以上的高端二手房和外环线以外每平方米单价在 1 万元以下的低端二手房成交量双双走高。

由于供应量的稀缺，上海许多地区实际上已经陷入楼荒，市场发生抢购新房的热潮。房价开始暴涨。到年中时，上海内环线之内的住宅平均价格就已经大大突破了 20000 元/米^2 的价位，比年初上升了 30%～40%。

暴涨的楼市，终于在 2008 年年中时又暂时停歇了下来。随着金融风暴席卷全球，同时因为政府的房地产调控以及银行对房地产的资金收紧，大量过惯好日子的房地产开发商面临资金链断裂的风险，开始以低价抛售房子以使现金回流，这使房价出现了新一轮的下降。

在房价下跌中，最吸引眼球的是，国内两大知名开发商万科和金地，在当时上海新房的主战场三林板块中“大打出手”，采取的“撒手锏”都是降低价格。

7 月初，金地“湾流域”凭其后发的产品和优质的配套，与万科“金色雅筑”花园洋房价格相当。7 月 25 日，万科“金色雅筑”将小高层报价从 16000 ～ 18000 元/米^2 下调至 15000 ～ 17000 元/米^2。紧接着，金地“湾流域”所开出的小高层房源报价只有 13000 ～ 15000 元/米^2。随后，万科立即宣布两幢小高层每套房源再降 10 万元。

万科和金地的“竞价销售”，已经引发了三林板块新房价格的整体下降，周边原先涨到 13000 元/米^2 的楼盘跌回到万元水平，甚至出现新房价格低于二手房的情况。由上海本地企业开发的“大华锦绣华城”，8 月份拿出沿马路的 1、2 号楼促销，成交的 61 套房源均价为 13551 元/米^2，其中 5 套“特价房”只售价 12079 元/米^2，远远低于半年前成交均价的 17740 元/米^2。

三林地区只是一个缩影，实际上，在那段时间里，房价下跌已成为蔓延上海全市的现象。据易居中国统计数据显示，上海住宅市场（包括公寓和别墅）共有139个板块，和去年上半年相比，五成以上区域房价在去年下半年开始下跌，跌幅在10%以内的区域数量占比26.6%，跌幅在10%～30%的区域占比21.6%。跌幅30%以上的区域占比2.9%。另有22.3%的区域价格上升了10%以内，18%的区域涨幅在10%～30%之间，8.6%的区域涨幅超过了8.6%。

上海一些代表性楼盘也已经在2008年出现了大幅降价。比如，中远两湾城销售价格从2007年上半年的20587元/米^{2}跌至14845元/米^2，白金湾府邸成交均价从2007年上半年的54974元/米^{2}跌到下半年的35242元/米^2，跌幅分别为27.9%和35.9%。

以至于到了8月下旬，在上海市房地资源系统党政负责干部大会上，"保持房市房价基本稳定"成为上海市房屋土地资源管理局下半年的重点工作之一。而与此同时，上海多家银行也接到监管部门发出的文件，要求务必在内部进行房贷压力测试，预估房价下跌导致的信贷坏账金额。

但是没过多久，著名的"4万亿"扩张性的财政和货币政策出台，流动性大增。2009年年初，这次与北京同步，上海的房价又开始上涨了。

上海房价开始落后于北京

不过，由于住房库存量一直较多，在这波上涨行情中，上海房价的涨幅要较大幅度地落后于北京，北京的房价全面赶超了上海。根据2013年6月统计的房价排行显示：北京的平均房价是33908元/米^2，上海是26357元/米^2；北京房价最高的西城区居然是62309元/米^2，而上海最高的静安区是45259元/米^2。

上海房价为何在那几年逐步低于北京呢？事实上，上海在消费能力、财富总量、新增的工作机会以及人口总量，也就是整体的购买力和住房的需求等方面，都与北京相当。房价低于北京的原因，应该与上海那几年住房的供给量一直高于北京。在此前的数年中，上海的新房成交量一直比北京多1/3 以上。

但是，随着上海住房供给的减少，上海在近几年房价又开始追赶上北京，如今，上海的住房成交量已经基本与北京持平了。有分析指出，上海 7 个核心区域，许多都是连续 14 周是零供应新建住房。在 2003 ～ 2007 年期间，上海住宅平均每年供地 1797 万平方米，而在 2008 ～ 2015 年期间，住宅平均每年供地就只有 732 万平方米了，减少了一大半。说明上海的房价上涨，住房供给不足是非常重要的一个原因。

有业内人士称，2010 年上海供应的房子基本全被卖掉了。按竣工面积计算，上海常住人口的平均面积是 26 平方米，算上拆迁可能只有 17 平方米，而政府统计上海人均居住面积 35 平方米只是按户籍人口统计。

房价的上涨与北京一样，也是一直持续到 2014 年。在 2014 年经历过短暂的下跌（当年的 1 ～ 8 月份，上海商品房销售面积同比下降 8.3%，其中住宅销售面积下降 10.0%）。但在 2015 年的多重政策利好促使下（短短一年时间，央行五次降息四次降准，全面二孩政策逐渐放开，特别是上海推出“3・30 楼市新政”，二套房首付降为 4 成和买房满 2 年后出售免征营业税等；之前，还松绑了首套房认定、首付标准和三套房贷等等限制），上海的楼市在深圳楼市暴涨之后，紧接着开始再次的水涨船高。

2015 年，上海市纯商品住宅销售均价为 32001 元/米^2，同比上涨了 17.6%；而在 2016 年 2 月的契税优惠政策推出后，上海房价进入暴涨模式。当时还爆出过一条消息，说有 352 套千万级新房一天被抢光。

不过，随着上海市有关方面紧急推出“3・25 新政”限制房价，新政规定包括外地户口上海买房社保缴费从 2 年提高到 5 年，外地单身维持限购，上海户口购置第二套房屋，对于普通住宅，首付提高到 5 成，对于非普通住宅，首付提高到 7 成等。上海楼市也如深圳那样呈现量价齐跌的现象。

在调控政策实施一个月后，上海楼市成交量和房价双双齐头下跌。根据上海某房地产研究院统计数字显示，2016 年 4 月，上海共成交新建商品住宅 8317 套，比之前一个月下降了 50%；面积约 100 万平方米，下降 52%；新房成交均价为 31717 元/米^2，比之前下跌 6%。

第三章

青岛21世纪初房价暴涨之后趋于平稳

在21世纪初，青岛的房价与北京的房价几乎并驾齐驱，并未拉开明显差距。在2005年以前，青岛核心区的房价大都在5000元/米^{2}左右，海边过万元的楼盘也已经出现。同期北京靠近CBD最重要的供给区域朝青板块，主流楼盘房价也就在5000元/米^{2}左右。但之后北京房价就开启了暴涨模式，逐渐与青岛拉开了距离。到2009年，经历了多轮暴涨后，北京的房价更是达到了与青岛主流房价的数倍差距。这一切是如何发生的呢？为何青岛房价上涨会后劲不足呢？

青岛房价为何一开始落后于郑州

在前面章节中，写到北京在十年多时间里房价涨了20倍，而同期另一座著名城市青岛的房价却仅仅涨了3～4倍。造成这种差别一方面与两座城市的吸引力和消费体量有关，另一方面也与不同时期执政者采取的房地产政策有关。

事实上，在21世纪初，有一段时间，青岛的房价与北京几乎并驾齐驱，并未拉开明显的距离。在2005年以前，青岛核心区的房价大都在5000元/米^{2}左右，海边过万的楼盘也已经开始出现。据统计，2004年，青岛市内四区商品房销售均价为4384元/米^2。同期北京靠近CBD最重要的供给区域朝青板块，主流楼盘平均房价也就在5000元/米^2，而类似天通苑、回龙观、通州一带的房价更低，甚至普遍不到3000元/米^2。（有资料称，1994年，青岛东部沿海的别墅价格就达到了10000元/米^2，一家外资公司开发的74栋别墅、4栋公寓楼很快就卖光了。这一年，青岛的房地产企业已经达到了400多家，其中本地的房地产企业占一半左右。）

而在2004年第四季度，青岛房地产价格同比上涨了19.8%，涨幅还在调查的全国35个大中城市中曾名列第一位。

但随后，随着北京开始了一轮房价的暴涨，北京房价逐渐与青岛拉开了距离。而到2009年，北京房价经历了多轮暴涨后，更是达到了与青岛主流房价的数倍差距。

在此期间，青岛的房价明显被北京远远甩开，但这绝非一般人所以为的由于城市发展太糟糕，缺乏吸引力而导致。恰恰相反，青岛在这十年里也堪称中国经济发展的明星，其新兴的汽车、高铁、造船等产业都取得了巨大进展。青岛生产的“青岛一汽”已经是高速公路上人们见到的最多的载重卡车品牌之一；而青岛的高铁发展更是令人瞩目，其生产的高铁机车据称已占据国内高铁列车生产量的半壁江山。在第三产业方面，由万达投建的众所瞩目的东方影都项目，据说已经向美国的好莱坞发出了挑战。

城市发展如此之好，而城市的房价却极大地落后，不但已完全无法与北京相比，甚至相比类似郑州这样原先房价比青岛低不少的城市也有被逐渐超越之感。这一切是怎么发生的呢？如果要解说这一切，还得从头说起。

青岛的房价在21世纪初为何如此之高？可能与一位曾任青岛市长与市委书记的人有关。

2006年12月23日，在山东省委常委扩大会议上，中央纪委副书记夏赞忠宣布：山东省委副书记、青岛市委书记杜世成的行为已构成严重违纪，中央纪委决定对其问题立案调查，免去现任职务。次日，新华社发出了相关消息。

而就在2007年1月21日，青岛市政府召开住房建设工作会议，市长夏耕提出："住房这一商品具有特殊性，政府必须有所作为。"此举被看作是青岛"杜世成高房价经营城市"的一个终结点。此时距杜世成被"立案调查"不足一个月，而杜世成之前广为人知的理念是：高房价不能人为打压。

青岛房价的高涨之路

2000年10月，杜世成以山东省副省长之职兼任青岛市代市长，并在2001年2月正式当选青岛市市长。2004年4月任山东省委副书记、青岛市委书记。而他在上任不久，就提出了一个"经营城市"的理念，这一理念一度在中国各地大行其道。

根据当地报纸发表的杜世成的论文《青岛市经营城市的理念设计和实践创新》，杜世成认为，我国的城市要想在社会主义市场经济条件下迈入健康发展的轨道，必须进行观念的转变，树立经营城市的理念。

当时的实际情况也给了杜世成空前的时机：一方面，国家停止福利分房后，老百姓的住房需求在2000年左右被激活，土地成为政府最大的财富；另一方面，青岛成为奥运会协办城市，奥运经济对当地产生极大的拉动作用。

青岛是一个只有百年历史的海滨城市，历史上经过三次大的人口移民和城市规划发展。早期在被德国占领时期，奠定了青岛带状的城市格局，工业区一直在北部。在被日本占领时期，城市规划基本沿袭德国人的思维。新中国成立后，青岛城市格局也变化不大。直到20世纪90年代，俞正声任市委书记时，青岛还是个局限于沿胶州湾东岸90余平方千米的狭长地带。1992年，俞正声领导的市政府东迁，将原来位于老城区中心的地块出让，带动了东部开发。

1998年，当时青岛市委、市政府向广大市民做出了“绝不把棚户区带入21世纪”的承诺，投入资金26.5亿元，实施了大规模的剩余棚户区改造，两年改造了市区剩余的24片棚户区，新建住宅195万平方米，2.4万户群众搬迁新居。这些举措成为青岛市民如今依然惦念的政绩，俞正声时期是“真心实意为改善居民生活办实事”。

作为后任的杜世成来到后的策略是明确发展西海岸，靠建造高价房来拉升经济。而青岛作为一个工业城市，一位市领导提过：“我们的工业经济的比重过大，经济水平过低，运营效益比例不高，导致这种城市的数据水平和经济总量脱节。”杜世成自己也分析过青岛“收入水平和经济实力差距在什么地方”，他认为，第一，青岛的民营企业发展不如国有企业发展得快，这是一个重要问题，富民主要来源于民营企业。第二，青岛在三次产业布局上第二产业比重过高，高于第三产业，第三产业当时是40%左右，第二产业是52%左右。

青岛家电企业发达，有海尔、海信这样的大企业。但是家电利润空间很低，电视机、电风扇、电冰箱、手机盈利不高。所以，工资水平比较低。再就是青岛这个城市经济总量与城市人口的比例不够好。比如，从事工业的城市人口占比比较少，非城市人口占比较高。

做事高调的杜世成，曾给青岛创造出系列口号——“全国重点中心城市”“世界知名特色城市”等，青岛的知名度因此迅速提高。

比知名度提高得更快的，是青岛一路飙升的房价。正是在这段时间内，青岛市的房价开始苏醒、抬头，然后自2001年开始飞跃，此后驶入疯涨轨道，所谓“二线城市有着一线房价”。

据青岛市统计局发布的信息表明，1999年1～4月全市住宅商品房均价为2067元/米^2，而到2006年上半年，住宅商品房均价已飙升至6288.2元/米^2。很长一段时间，房价的涨幅一直稳定在两位数，即使在宏观调控期间，涨幅在略微徘徊至一位数后，随即反弹至两位数。在那几年时间里，青岛房价涨幅常常排在全国前列。就涨幅来说，并不逊色于北京。

最为青岛人熟知的事，是北京申办2008年奥运会成功，青岛击败大连成为协办城市。消息传来，青岛市沿海地带的房价第二天应声大涨300元/米^2，涨幅达10%。

而与当时的高房价形成强烈反差的是青岛市民极低的人均收入。杜世成曾说过的一句话：“现在青岛城市人均年收入水平12000多元，农民8000多元。”也就是说，在城市人口平均月收入1000元的青岛，市民们要承受6288.2元/米^{2}的高房价，这导致青岛市民叫苦不迭。

城市经营是收紧土地

当然，青岛市走上这条路，似乎也确有苦衷。

此前，青岛城市建设主要靠政府财政投入，但市财政并不宽裕。自1993年以来，青岛市每年都有大量财政赤字，为筹措基础建设资金政府唯有贷款，比如1998年，青岛市用于基础设施的投资额为70.2亿元，其中国内贷款近16亿元，每年的负债利息达到1亿多元，这无形中加重了今后再投入的难度。而当时全市的基础设施未完工程尚需投资50多亿元，在建总规模达到150多亿元。另外，青岛市是2008年北京奥运会的协办城市，与奥运会相关的基础设施投资缺口达200亿元左右。

面对巨大的资金缺口，有限的财政资金已是无能为力，仅靠贷款显然也难以为继。

面对如此窘况，青岛市政府明确表示，奥运会资金筹措要靠市场化手段解决，其中重要的一项就是土地出让收入。

“城市土地是城市赖以生存和发展的基础，是重要的国有资产。经营城市土地是经营城市的主要内容，也是城建资金的主要来源。”青岛市有关部门在一份有关经营城市的报告中说道。

在此背景下，青岛市把目光转向了城市土地这一重要的国有资产上。2002年，杜世成成为青岛市委书记，正式主政青岛，开始将“经营城市”付诸实施。当年，青岛市举办了“城市经营促进周”，土地拍卖开始大规模进行，几天就获得土地出让金近5亿元，超出起拍价近60%。在杜世成看来，青岛的一砖一瓦都可纳入政府经营范围，结果青岛五四广场的一座公厕拍出了数十万元的天价。

随后青岛市出台了《青岛城市资产经营实施意见》，各区市陆续成立城市资产经营管理中心，重要内容之一就是拍卖土地。

政策转变，市场情势立变。在杜世成正式经营城市之前，青岛房价年涨幅在5%以内，而到大规模“经营城市”的2002年即升至7.6%，此后一路高升，涨幅未下过10%。

一个典型区域就是青岛市开发最热门的崂山区沿海地块。这片区域全部被各种房地产开发项目占据，特别是南部海岸线房产发达，房价都在10000元/米^{2}以上。崂山下属的4个街道，其中沙子口、王哥庄、北宅街道大部分土地在风景区内，不能开发买卖。以北宅街道为例，由于处在山区，可耕地少，政府禁止农民开采花岗岩后，农民收入十分单一，“大部分村级经济年收入不足5万元，有的甚至是零收入，村干部工资都开不出”。而中韩街道既不在风景区内，又沿着海岸线，成为政府和开发商都看好的“黄金地段”。中韩街道“麦岛”的开发成为这种反差的一个极端事例。麦岛下辖三个行政村，1000多亩土地，几乎成为青岛沿海大地块的“绝版”。政府将土地卖给某开发商后，最后拆迁补偿费达到8000元/米^{2}左右，“进了大门，从院子里就开始算面积，麦岛拆迁后家家都是百万富翁，千万富翁甚至也不少”。

土地拍卖的操控

房价暴涨，大幅拉动了青岛 GDP 的增长。青岛市政府曾算过一笔账，1 元固定资产投资就可产生 1.4 元 GDP，而 2001 年至 2005 年，占固定资产投资首位的是房地产，比例为 1/3 左右。房地产业由此变成支柱产业，对 GDP 的拉动作用明显。

在房地产火爆的年月，青岛的 GDP 也水涨船高，1997～1999 年，是青岛房地产逐渐苏醒期，GDP 的增幅在 13% 左右，房地产在 2000 年全面启动后，青岛 GDP 增长迈入大步跨越期，从 2000 年至 2005 年，增幅最低为 13.7%，最高为 16.9%，为 1993 年以来最高纪录，但这一纪录被 2006 年的 GDP 增长幅度刷新，该年增幅超过 17%，GDP 超过 3000 亿元。

青岛因此迈入全国 GDP 大市。“我市土地成交价格的不断攀高，从很大程度上刺激了房地产开发商乃至购房者的神经，激发了开发商的积极性，动摇了购房者期待降价的心理预期，进而推动了房屋销售价格的持续走高。”青岛市有关部门在一份报告中这样评价地价和房价的关系。

即使在宏观调控期间，青岛市仍未减缓推动房价的力度。

青岛市一位官员称导致青岛楼市呈现疯狂状态的，“炒房不是根本原因”，而与青岛市的微妙控制有关。

“按照一般的市场规律，增量房源应略大于存量房源，只有这样，房屋交易价格才能稳定乃至下降。”这位官员认为，造成青岛房价高企的一个重要的直接因素是“新增量房特别是中低价位房源长期供给不足”。

比如，2006 年 1～6 月，青岛市内四区发放商品房预售许可证仅 19 个（其中限价商品房预售许可证 1 个）；批准预售面积为 50.94 万平方米，同比减少 57.25%，其中住宅面积为 40.04 万平方米，同比减少 60.22%；商品住房销售 5104 套，同比减少 37.88%。

不仅新上市房源被人为控制，土地拍卖在宏观调控期间也呈现减少趋势，这进一步遏制了房源增长，使房价难以平抑。结果自从执行宏观调控以后，青岛市的房价增幅继续保持两位数。

对于高房价，杜世成的看法是不能人为打压。杜世成是经营城市理念的积极实施者，他认为经营城市的重要目标是城市的保值和增值。有关人士指出，所谓的保值和增值，具体就体现在GDP的高增长上，而这和房地产的高价位运行密不可分。

到过青岛的人，几乎都会问："青岛市的房价为什么这么高?"当地政府和开发商给出的解释有三条：一是土地存量减少；二是市场土地供需紧张；三是青岛是国际大都市定位。

但熟悉青岛的人知道，市南、崂山区滨海地段，确已基本无地可开发，但市北、四方和李沧尚有大片旧城区需要改造，黄岛、城阳尚有大量土地。

"地荒论主要指市南、崂山区狭长的滨海地带而言，对整个青岛市实际并不成立。"一位房地产开发商评论说。

至于市场供需紧张说法，青岛市迄今为止仍大量存在的空置商品房就说明了问题。另外，青岛市近期刚刚推行的限价房，销售时并未出现预期的火爆场面。

当时，青岛市有关政府部门认为，青岛市房地产供需紧张主要体现在结构上，大户型、高档房空置较多，针对中低收入的小户型较少。空置房在东海路上较多，晚上驱车沿此路行驶，路旁的滨海高档住宅区很多是黑灯瞎火，没有几扇窗户是亮着灯的。这些房屋大都挂着灰色的遮阳帘，室内还未装修。

实际上，青岛楼市持久火爆，除去住房制度改革，还与另外两个地方政策因素紧密相关。

第一是棚户区大规模改造，制造了大量的住房市场需求。1998年青岛房地产业增势平缓，一年之后大相径庭，出现空前发展局面。1999年由于是实施"三年解困"棚改政策的最后一年，青岛市加大异地安置与就地安置相结合的力度，分别完成浮山后二期、东西仲小区、威海路一期等工程。结果房地产投资达到63亿元，为历史最高点，占全市固定资产投资的比重为28.6%，提高了5.7%，比1998年同期增长了43.8%；

商品房屋销售面积达到236万平方米，比1998年同期增长了32.5%。

第二是土地拍卖。政府垄断了土地的供给，加上近年国家政策调控，青岛市收缩土地供给和清理整顿土地市场以及拆迁费用加大，使土地拍卖价格不断攀高，2005年，青岛市用于住宅建设的部分拍卖土地，成交价均大大高于起拍价。

当年，据当地房地产部门的调查表明，青岛市部分楼盘的土地价格已占到房价的50%以上，土地价格的高低直接影响着房价。

以青岛市在山东省的经济龙头地位，其全省第一的房价水平当之无愧，但其较低的收入水平，却让普通老百姓在节节攀升的房价面前感到高处不胜寒。

以房价增速最快的2003年为例，当地统计部门测算当年居民的家庭年收入与楼价比基本维持在1：13.7左右。青岛市统计部门在一份分析报告中提到："这虽然不能完全与国际上3～6倍的标准对应相比，但与南方一些城市的差距较大，显然，我市房价对众多工薪阶层而言，一时难以承载。可以预见，当少数高收入阶层的需求逐渐得到满足之后，房地产市场很可能会出现消费断层。"

另一方面，经营城市的土地出让金收入，并没有明显地投入到解决民众的低价住房需求上。青岛市统计局早在2004年的一份报告中就认为，房价上涨对普通市民的压力加大，以价格最便宜的经济适用房为例，其价位已逼近北京经济适用房价格，"这对于年人均收入仅为10075元、远远不及北京的青岛市民来讲，经济房并不怎么'经济'。"

在2006年之前，青岛市仅在市内四区推行廉租住房保障工作，5年惠及的用户数为3019户，平均每年惠及600户。青岛房价高企土地升值，政府从土地拍卖中获益丰厚，但在2006年以前，土地收益并未流向经济适用房和廉租房项目。

一方面，国家停止福利分房后，老百姓的住房需求在2000年被激活，土地成为政府最大的财富；另一方面，青岛成为奥运会协办城市，奥运经济对当地产生极大的拉动作用。

与之相对应的是沿海地区以外的老工业区发展滞后，本地居民的购买力在高房价面前几乎瘫痪。格局呈带状的青岛，因地理和历史原因，海的远近使城市经济由北往南梯次递增。而政府获得了高额的土地财富收益，却人为扩大着这种差距。杜世成执政的几年，青岛投入基础设施的财力，“太多的金子贴在沿海‘脸面’上了”，因此青岛被称作是“镶着金边的抹布”。中低价房源供给严重不足，使市民生活也显示出较大差距。

青岛西海岸的黄岛在20世纪80年代就成立了经济技术开发区，但发展缓慢，一直没有获得房地产商的青睐。杜世成力主青岛经济重心西移，随着加工业、制造业、码头、工业园落户，黄岛开始红火，房地产开发也驶入了快车道。据当年曾任天泰地产副总的唐炜回忆说：“2001年，天泰地产在西海岸开发了天泰阳光海岸精装修项目，项目由韩国设计师设计，24万平方米的楼盘，3450元/米^{2}起价，很快销售一空。”

在这一轮的房地产开发热潮中，参与者基本都是本地企业。四五年的时间，青岛市内四区（崂山、市南、市北、四方）可供开发的空地基本开发完毕。此时，政府将开发重心转向了李沧、城阳等郊区。外地房地产大鳄此时开始进入青岛。以万科、绿城等为主，但这些外地房地产大鳄也都和本地企业合作。一般是本地企业有地，外地企业出资。万科和青岛本地银盛泰合作开发城阳40万平方米的地块，绿城和百通合作开发李沧区184万平方米的地块。

外来投资炒房、青岛独特的地理位置等因素，这些都对房价大涨有一定的推动作用。但房价之所以涨到了当时那个样子，更多是由于土地成本疯狂上涨造成的。正如青岛市委党校经济学教研部教授程国有所说的，土地供应短缺，加上2001年青岛市的土地供应由协议出让转为“招拍挂”，这才导致了青岛土地成本大涨。

土地供应短缺源自政府采用的“饥饿供地法”，这和杜世成“经营城市”的理念有关。就是严格控制建设用地总量，垄断土地一级市场供应，采取统一规划、统一征用、统一配置的方法实现对土地的有效控制。青岛市政府学习杭州的做法，建起了土地储备中心，主要管理市内四区土地，其他县市区各有土地储备中心。政府同时将一些闲置、低效利用的土地采取收回、收购等方式纳入土地储备，经整理后再公开出让。

实际上就是政府垄断了土地，出现土地供应不足，抬高土地的价格，从中能获取更大的利益。另一个潜在规则是，由于相关主要领导直接掌握土地审批权，将大块地分成多次审批，以牟取更多利益。

在政府操作层面上，土地储备制度原本担负着宏观调控房价的作用，“房价居高不下时，政府应该增大土地供应量，房价自然会下跌；房地产不景气时，政府可以缩减供应量，房价就会抬高”。而在杜世成执行的“房价不能下跌”的策略下，政府基本政策是“一直压缩土地供应量、压缩楼盘项目”。“如果市场需求是300万亩土地，政府却长期供应100万亩，房价能不涨吗?”在有意制造的供不应求局面下，“政府手里的土地仿佛剥洋葱一样，每剥一小瓣都是利益”。

因此，一位青岛本地人评论杜世成在青岛采取了多种能推动房价上涨的措施：扩大旧城区改造，造成一部分市民失去原来的房屋，也扩大了对新房的需求量；在新闻媒体上声称青岛价格合理，并暗示还会继续上涨；利用不可能的城市规划误导市民。比如，黄岛区本来是一个郊区，与青岛市区之间相隔胶州湾，经济、文化各方面都比较落后，杜世成为了推动那里的房价上涨，2004年7月，他在电视节目宣传两个月内将在青岛与黄岛之间修建大桥或是隧道。在杜世成的声明发出之后的两个月，黄岛的房屋价格上涨了20%。

当然，造成房价上涨最重要的原因还是政府对土地及住房供给量的压缩供给。

主政者思路改变房价也随之改变

在杜世成下台之后，正如前所述，青岛市的继任主政者改变了饥饿供地的政策，相继推出沿海造地、退耕还地等一系列的政策，青岛市政府开始大规模地推出土地供给计划。这些土地主要集中在原本属于市郊的李沧、城阳，以及位于新城区的西海岸一带，虽然距离主城区相对偏远，但是由于地块大，土地价格低，且随着交通方式的改善，如青岛的跨海大桥和隧道的开通，已经让人感觉不再遥远。

土地的大量供给，导致青岛的新建住房等的供给量极大增加。自2009年以来，青岛市每年的新建住房供给量都在10万套，供地面积1000多万平方米以上，接近于北京的年新建住房供给量和供地面积。而众所周知，青岛本地的经济体量与市场的购买力水平与北京不可相比。由此也可见，自此之后的青岛住房供给之丰沛。

大量的土地和住房供给，让青岛的房地产市场开始回到“理性”，当2009年以北京为代表的全国各大城市房价出现暴涨之时，青岛的房价却仅有小幅上涨。从此也大大拉开了与北京的房价差距。

当然，这更带来了另一个正向的有益结果，在住房方面，青岛市政府在资料中表明：10多年间，青岛居民人均住房建筑面积不断增长，从山东省的倒数第一跃升到中上游水平，市区居民实现了“户均一套房以上”的愿望，在改善居民住房条件方面实现了历史性的跨越。

第四章

重庆房价为何如此亲民

前文连续讲述了两个一线城市，一个二线城市的房价发展，我们再来讲述一个房价亲民，被全国人民赞誉有加的城市——重庆。

由于多个一线城市及二线热门城市房价的狂飙，为应对这种情况，2016 年 9 月 30 日～10 月 6 日期间，北京、天津、合肥、郑州、杭州、武汉、济南等共计二十多个城市先后发布了新的，包括各种限购、收紧信贷等在内的楼市调控政策，被称为力度空前。

但是这一切都与一座堪称中国大城市之一的重庆无关。有媒体说：“当全国房价‘涨声’一片，不得不再限购和限贷时，有一个城市却实现了‘低房价、高增长’梦幻结局，这就是重庆。”全国 GDP 增长最快，却保持着同级别城市最低的房价水平，被誉为“高烧楼市中的一股清流”。房价“岿然不动”，也没有出台任何限购和限贷政策。

而有关重庆低房价的文章，更是刷爆了整个的朋友圈。

多年来，重庆的房价在全国城市排名中，基本处于末位。以省会城市、副省级城市、直辖市来看，重庆房价为倒数第三，每平方米售价仅仅高于银川和呼和浩特。

根据统计，2010 年 6 月到 2016 年 6 月，重庆房价涨幅仅为 5.1%，而全国 100 个主要城市的房价平均涨幅已高达 30.7%。

据中国指数研究院 2016 年 10 月 1 日发布的百城房价数据显示，9 月份，重庆主城区新建住宅样本均价为 7164 元/米^2。在经济体量接近的城市序列中，远远低于均价 15337 元/米^2 的苏州、12307 元/米^2 的天津以及 53384 元/米^2 的深圳。甚至，兰州、昆明、南宁这些二线省会城市的住宅均价，也早已超过直辖市重庆。

据数据显示，2016 年 6 月重庆平均房价为 6942 元/米^2，比 2015 年同期微涨 0.41%。这一价格排在兰州、昆明、成都、南宁、西安等城市之后。

自从 2014 年以来，重庆经济连续十个季度领跑全国了，而其房价却如此"温和"，尤其当人们将之与重庆经济体量相接近的苏州、天津、深圳做比较后发现，重庆更凸显其房价之低。

截至 2016 年 8 月为止，重庆商品房成交均价为 7790 元/米^2，而苏州为 12520 元/米^2，天津为 11473 元/米^2，深圳高达 58171 元/米^2。如果以 100 平方米的购房面积计算，重庆不含契税的购房款需要 77.9 万元，而深圳则达到 581.71 万元。

重庆房价也曾出现不小涨幅

重庆是一座建在山间的城市，主城区在中梁山和铜锣山之间，太多山冈和上坡下坡地，"爬坡上坎"形容重庆人出行最精髓。

本书作者也出生在一个号称有山的城市，很多来到此处的人都评论说不太适合骑自行车，因为总是要不断地上坡和下坡。在没去重庆之前，笔者一直以为可能重庆也是这样的一座"山城"。

但真正到来之后才发现，重庆与笔者出生的“山城”概念完全不同。重庆其实是一座建在悬崖上的城市，两条道路在地图上的直线距离可能紧挨着，但垂直却相差几十米，以至于在重庆，经常是你从一座楼爬到它的第十层，才发现它同时还是上面那条道路出口的一楼。

由于重庆的房价长期不动，很多人以为重庆的房价一直都如此低，没有出现起伏，这并不准确。

事实上，在21世纪初，重庆的房价也曾出现过相当大的涨幅。在2001年之前，重庆的房价的确非常便宜，大多数住宅的二手房均价只有1000元/米^2。记得当时笔者在重庆，在当时全国各地高层住宅还不多见的时候，看到重庆的很多住宅品质相当不错，总高可达三十层的高层住宅，却都挂着1680元/米^{2}或者1890元/米^{2}的条幅，真的是让人非常惊讶。因为在当时，东部沿海城市的房价已经涨过一轮，在笔者出生的城市，城市核心区房价已经达到4000～5000元/米^{2}的时候，重庆的房价却如此之低，令人意外。

但是在2002年、2003年，伴随着所谓的温州炒房团的一波炒作，重庆的房价经历了一次快速的上涨。到2004年，主城区房价就已经迈上了3000元/米^{2}以上的大关，这在当时，已经算是国内均价较贵的城市了。

但在随后的2005年和2006年，全国各地房价大涨，北京更是一年内房价翻了一番，而重庆反而房价平稳，并未出现大的涨幅。

重庆房价的第二次上涨是在2007年，当时虽然中央多次加息和提高准备金率，但重庆的房价却上涨较快，上涨的原因依旧被当地媒体归结于所谓的温州炒房团的炒作。据说当时的一些投资者，花2万元买一个购房指标，转手就能卖10万元。重庆市的主力楼盘房价基本上冲到4500元/米^2。但从全国来看，重庆涨幅仍居小，一些沿海发达城市，在这轮房价上涨时，每平方米建面成交均价普遍超过万元，而当时的部分城市的成交均价更是达到了20000元/米^2。

之后，2008年的金融危机使全国消费萎靡不振，全国各城市几乎均出现了房价下跌的情况。重庆的房价在2008年下半年和2009年上半年也下跌不少，据说，很多原本套内卖5000元/米^{2}的江景房，这个时候只能以 4200 元/米^2 出售。

重庆房价的第三次上涨始于 2009 年下半年，由于“4 万亿投资计划”的影响，货币供应充足，通胀预期较高，购买力旺盛。同时由于 2008 年在金融危机下，重庆的土地供应因卖地不畅而较少，导致在 2009 年下半年到 2010 年期间，房屋供应量不足，在多种因素的作用下，重庆的平均房价最终冲到建筑面积成交均价 6700 元/米^2。

“记得 2011 年春节是上一波房价的低谷，在开春后的一年时间里，江北房价直接从 8000 元/米^2 上涨到接近 10000 元/米^2。”但随后，重庆房价就又出现了下跌的情况，慢慢跌回到了原先起始的价格。

主政者将政策落实在增加建设土地上

很多人都指出，重庆房价难涨的主要原因是供给过剩。其中，可能影响很大的一件事是 2001 年黄奇帆由沪入渝。

当时，重庆市区面积仅 200 平方千米，仅为北京海淀区的一半、上海浦东新区的 1/6。黄奇帆在重庆开启了将“土地财政”演绎到极致的阀门，开始大规模地出让各种建设用地。当然，这可能也得益于重庆所拥有的雄厚土地资源。重庆全市面积达到了 82400 平方千米，差不多接近于一个省的面积（人口也接近 3000 万），为京津沪三个直辖市总面积的 2.4 倍。在 2003 ～ 2014 年，重庆共出让 70064 万平方米（约 700 平方千米）的建设用地，相当于北京、上海、广州这三座城市同期出让建设用地的总和。

土地供应的背后是房子。过去两年，重庆商品房竣工面积在全部直辖市、副省级城市、省会城市中位居全国第一。

重庆的供给量之大可以从一组数据中体现：据重庆市统计局公布的数据显示，2015 年重庆房地产开发企业房屋施工面积 28985.67 万平方米，其中，住宅竣工面积 3185.90 万平方米。而相比之下，深圳 2015 年住宅竣工面积仅为 202.37 万平方米。也就是说，2015 年重庆的住宅竣工面积是深圳的十多倍。

关于重庆的新建房屋数量，很多人都说，去照母山北部看一下就行了，或者可以坐轻轨走一遍重庆，就知道重庆在建的和建好的房屋有多少。

在2004年以前，北京、上海的土地供应量并不比重庆少多少，这也就是那些年北京、上海房价还算“亲民”的最主要原因。但是到2005年的时候，情况已经完全改变了，京沪两地房地产企业购置土地分别只有773.87万平方米和754.32万平方米，是重庆（1385.4万平方米）的一半左右。

在此后的10多年里，重庆每年供地面积一直都是京沪的2～3倍。据来自国家统计局的数据显示，2014年重庆供地1864.59万平方米，京沪深分别是580.76万平方米、313.18万平方米、105.73万平方米，也就是说，2014年重庆供地面积分别是京沪深的3倍、6倍、18倍以上。

除了供地面积大之外，重庆房屋建设的“容积率”也出奇的高。重庆市平坝面积仅占全市面积的2.4%，如果寻到适合建房的平坝，楼房都尽可能地建高。在很多人看来，重庆的小区大多没什么规划，只要找到一块平地就立马把房子盖上了。楼间距非常近，楼层布局大多不合理，经常出现所谓的三楼、四楼竟然在另一面是紧挨着马路。在重庆小区看到容积率达4、甚至容积率达5的小区不要奇怪，很正常。“重庆森林”绝非浪得虚名。高容积率，在较少的土地上建筑更多的住房，使在同样土地面积的情况下，能够建出更多的住房供应给市场，也额外增加了重庆的住房供给。

同时，在增加住房供应方面，公租房也起了很大的作用。到2015年，重庆累计开工建设公租房达4475万平方米，主城区超过3000万平方米，覆盖率在2020年将达到23.5%。而重庆的公租房供给并无门槛限制，务工人员也可申请，配套良好。一套70平方米的两房，月租金仅500元左右，5年后承租者购买还可抵按揭。

住房供应量远大于北京、上海。而与此同时，人们都知道，无论是在城市的财富、购买力等方面，重庆都无法与京沪相比。住房的需求、购买力也远低于京沪，这两大原因造就了重庆的低房价。

同理，从项目的开发周期来看，房地产企业购置的土地一般在 3 ～ 5 年内建成新房。对比重庆的土地出让规模，近几年京沪深等城市的房价为何暴涨也就不难理解了。

同样，2014 年南京、杭州、武汉、厦门、天津、成都的房地产业购置土地面积分别只有重庆的 1/30 ～ 1/7 不等，这些城市房价显然没有逃过本轮上涨。

另外，从新增人口来说，重庆近几年新增城镇人口是 60 万左右，但是 2011 ～ 2014 年，每年供应商品房套数是 30 多万左右，重庆新增商品房套数，足够新增城市人口居住的需要。

海量土地出让，看似肥了楼市，但在基建、补贴下的工业是最大的受益者。房地产、基建和工业三大块“投资”占重庆 GDP 的 94%，这是重庆经济“高增长”的源泉。2013 ～ 2015 年，重庆固定资产投资近乎深圳的五倍、广州的三倍，或是北京和上海的总和。说重庆是投资依赖型，这是客观的。但要看到，在百废待兴的起点上，对于基建利民和工业强市，政府和百姓的需求是饥渴的。

炒房客的滑铁卢

重庆楼市的价格洼地，吸引了大量外地的投资者。事实上，很多人认为，重庆在国内城市中，无论是城区面积、流动人口、经济规模都位居前列，甚至有媒体称重庆已被纳入准一线的城市行列，而从城市规划以及形态来看，重庆和上海又极其相似。所以，很多人都以为，在接下来的时间里，重庆的房价可能会带领二线城市一路上涨，一些抱有这样观念的人开始了在重庆炒房的历程。

2016 年国庆长假期间，在重庆江北嘴 CBD 多个品牌大盘，以及嘉陵江以北的北滨一路的多个楼盘，都能见到外地来的看房客。

比如，据重庆江北金融 CBD 某楼盘滚动公布的信息称，9 月 24 日、

25 日、29 日、30 日，该楼盘分别接待了上海、北京、浙江、苏州看房团，10 月 3 日、5 日、7 日又有北京、深圳、上海浦东看房团前来。据这些看房客称，之所以假期来看房，主要是冲着重庆房价低，从长远角度投资着想而购买的。

在很多投资客看来，在合肥的万达城已达到 20000 元/米^2，而且还限购、限贷，而在重庆才 8000 元/米^2。重庆至少不比合肥差吧？很多外地投资炒房者认为，两三年内这一楼盘就可以涨到 15000～20000 元/米^2。

而当外地投资者蜂拥来到重庆炒房时，重庆本地人却对抢房毫无兴趣，因为他们看到了太多房价涨上去，又是同样跌下来的情况。重庆市房地产协会会长莫元春更是公开警告称："外地炒房客来重庆炒房，你会死得很惨。"

事实上，凡是在近年来到重庆这一房价"洼地"淘金的炒房客，大都铩羽而归。

以自称发布真房源的链家网房源为例，重庆北滨路上 2010 年建成的华润某楼盘，2016 年 8 月在售的近 200 套二手房中，超过 70% 的房源是清水毛坯房。而当初购买的投资客大都以低于开盘价在亏本甩卖，他们"只求少赔点"。

相比之下，"去库存"依旧是未来很长时间内重庆楼市的主基调。据锐理数据发布的报告显示，截至 2016 年 8 月，重庆的商品房存量为 2982 万平方米，其中住宅存量为 1245 万平方米。

但相比 2015 年 9 月，重庆商品房存量已减少了 1188 万平方米。据重庆统计局数据显示，在 2015 年 9 月底时，重庆商品房存量面积曾高达 4170 万平方米。2015 年重庆市商品房销售面积为 5381 万平方米。2016 年 1～8 月，重庆商品房销售面积达 4122.19 万平方米，同比增长了 18.2%。而作为对比，2015 年北京市商品房销售面积为 1554.7 万平方米，比 2014 年增长了 6.6%。其中，住宅销售面积为 1127.3 万平方米，下降了 1.2%。也就是说，同期重庆商品房销售面积是北京的三倍还要多。

因此，重庆仍然把"去库存"作为首要任务，为此还出台了《推进供给侧结构性改革方案》，明确提出在2～3年内完成1000万平方米“去库存”任务，2016年房地产“去库存”的目标是800万平方米。上半年，重庆市共完成房地产“去库存”455.65万平方米。

为了“去库存”，重庆市计划两年内将土地供应规模逐年减少10%，商品房新开工面积增速控制在3%以内，通过货币化安置去除房地产库存400万平方米。重庆市黄奇帆市长甚至公开表示：“三年内重庆每年将关闭500家房地产公司，3年关掉1500家。”

尽管重庆已用了“洪荒之力”在“去库存”，但相信重庆接下来几年的房屋库存压力依然会大。据重庆市统计局数据显示，2016年1～9月，重庆房地产开发企业住宅施工面积为17155.76万平方米，住宅竣工面积为2135.91万平方米，共计19291.67万平方米，按照人均30平方米计算，可供643万人居住。

目前，重庆常住居民多数有房，甚至很多家庭有2～3套房，很多外来务工人员也都有房屋，大学生“毕业即买房”已经是常态。

实际上，与许多中心城市一样，重庆也有这样的趋势，主城九区以外的区县，但凡有点钱的都要在主城买房子。这些人的主力军是个体户老板、公务员及事业单位等体制内人员或者一些高中生的父母。笔者就曾认识一位朋友，是重庆万县下面的城镇人，2003年到重庆打工，2006年在重庆江北区南桥寺买了一套87平方米的房子。

重庆会不会因土地供应减少而导致供应不足，进而像其他城市一样房价暴涨呢？尽管重庆新出台了文件，未来两年土地供应规模每年减10%。不过，黄奇帆此前也指出：“2002～2003年重庆储备了40多万亩地，市政府计划20年内每年只开发5%，一年最多可以用2万亩。照此计算，到2023年重庆的土地供应仍充足。”所以，综上所述，笔者觉得重庆房价近些年不会暴涨（因为要吸引人口，发展产业，提升城市竞争力），但很可能会有相当上涨（政策收紧），而这预测已在2016年年底应验了。

第五章

贵阳房价为何这么低

并不是只有重庆的房价低，实际上，在中国的省会以上城市中，还有数个城市的房价也都相当低，包括长沙、贵阳等。其中贵阳也是一个很特别的城市，其城市的吸引力很强。城市的宣传语“爽爽的贵阳”，说明了它居住环境的优越性，城市气候温和宜人，冬暖夏凉，四季如春。而且贵阳风景优美，一年四季充满绿色，这对其他地方的人具有很大的吸引力，很多人表示，养老应该到贵阳。

即便如此，在省会城市中，贵州省贵阳市的房价一直还是很少有人关心。真正让贵阳楼市跃入人们视野之中，还是2012年9月中旬贵阳出台的“购房入户”政策。一时间，政府救市、新政叫停的声浪甚嚣尘上，人们认为贵阳新政与限购为主要手段的宏观调控背道而驰。更有业内人士指出，贵阳市政府之所以有如此的“托市”之举，正是因为楼市严重过剩，别无选择。当年10月9日，《国际金融报》的一篇名为《贵阳楼市拉响过剩警报，专家称或成下一个鄂尔多斯》的文章，在全国掀起波澜，一时间，贵阳与鄂尔多斯这两个直线距离相隔1500千米、平时并没有太多关联的城市联系在了一起。将贵阳和鄂尔多斯联系在一起的，是其所有的13个过百万体量楼盘，还有号称高达3490万平方米的待消化库存房子……在外人看来，贵阳楼市和泡沫画上了等号。

但显然这一论断存在很大问题。因为如果说贵阳楼市有很大的泡沫，那一定是房价有很大的水分，虚高浮在水面，而且价格一直追涨。但无论是在一手市场或是二手市场，这样的现象贵阳楼市都没有，这个城市的房价与省会城市相比，房价是超低的，城市均价也就在5000元/米^2，相比一线城市的高位房价只是一个零头。而贵阳的二手房价甚至更为便宜，很多成交价就在3000元/米^2，这一价格甚至与总共只有几百万人口的宁夏首府银川相似，是国内房价最低的省会城市。

贵阳的房价其实并非一直都这么低。事实上，在21世纪初期，贵阳房价还曾一度以价格高而著称。2002年9月，据国家统计局城调总队公布的统计数据表明，在35个大中城市中，2001年贵阳房价高居西部地区城市第一位。

当时，西南几个省市的收入水平较接近，贵阳市以收入22852元排名最低，但房价却以286050元之高为西南排名之最。因此，一度有媒体评论认为，贵阳的房产泡沫居西南地区之首。

在2001年公布的“全国35个大中城市房价分析比较”中，贵阳房价为2860.5元/米^2，位于第10位，处中上游水平，但是，贵阳户均年可支配收入为22851.7元，仅位列25位。套房价格是消费者户均年可支配收入的12.5倍，高于北京，仅次于沈阳，居全国第二。即消费者平均要花费12.5年的可支配收入才能购买一套住房。

在2005年以前，作为经济欠发达的省会城市，贵阳房价不仅高而且逐年看涨。以至于当时的社会各界都在抱怨：“贵阳市居高不下的房价与当地居民的消费水平呈现出明显的差距。”

贵阳何以在那些年居民人均年可支配收入偏低的情况下，房价居高不下呢？土地成本无法降低，被认为是贵阳商品房价很难下降的主要原因之一。当时的贵州省房地产交易市场董事长武廷方就曾表示，贵阳是个山城，土地资源十分紧缺，这在很大程度上决定了贵阳商品房的价格。

因为贵阳山多地少，在规划区仅40平方千米的土地上，除去市政、绿化等用地后，住宅用地很少。由于拿地困难，一些房地产开发商大量开发利润较高的高层住宅，据统计，仅在2001年，贵阳有建成、在建、待建、空置的高层商品房多达150栋。

在贵阳市房管局和贵州大学房地产研究所共同完成的《房地产市场2005～2010年发展研究报告》中称，贵阳房地产呈现开发逐年增加等六大趋势：1998年至2004年，贵阳市房地产累计完成投资额为294亿多元，年均增长30.8%；商品房新开工面积累计为1636.93万平方米，年均增长41.84%；商品房累计竣工面积为1476.46万平方米，年均增长19.58%；商品房累计销售面积为1272.68万平方米，年均增长35.16%。其中，2004年商品房销售面积为351.66万平方米，达到历年来最高水平。这些年商品房竣工销售的累计总面积，甚至不如贵阳2010年前后每年竣工和销售的商品房面积。

十四个超级大盘的崛起

事实上，也就在这段时间，贵阳的房价涨幅开始趋缓。2005年正是全国尤其是北京房价大涨的开端，而贵阳的房价却涨幅平缓。这主要由于贵阳开始大规模地开发新城（金阳新城，贵阳市为解决城市发展土地局促的问题开发了这一崭新的新城区，并将市委市府等搬迁新城），并大规模地出让土地了。有数据显示，截至2007年为止，贵阳总建面积达400万平方米以上楼盘有14个。在大盘面世之际，贵阳的房地产调控也达到预期的效果，房价被拉低。

1998年贵阳房地产开发施工面积仅为364万平方米，而2007年年底，贵阳的房地产施工面积就将近1937万平方米。2007年房地产投资占固定资产投资的27%，房地产业GDP比重达到3.5%，房地产是拉动贵阳国民经济的重要支柱产业。

2007年，金源世纪城的成功，使贵阳的房地产开发进入超级大盘模式。金源世纪城项目位于贵阳市金阳新区，总投资人民币130亿元，总占地面积5045亩，总建筑面积为600万平方米，规划入住人口约12万人。

当黄如论所执掌的世纪金源集团拿下这个占地5000余亩的超级大盘时，并不被看好，但世纪金源采用准现房的快速周转模式取得了成功，这也极大鼓励了后来者的热情。

2009年，贵阳编制完成《贵阳市城市总体规划（2009～2020年）》，重点发展新区建设和老城棚户区改造。根据规划，“二环四路城市带”规划总用地为105平方千米，涵盖15个城市功能板块。建成后，贵阳核心区将拓展近200平方千米，比原有的老城区扩大近五倍，区域内人口超过200万。

这一年，贵阳市政府又拿出17块超级地块打包出售，继而催生体量1830万平方米的花果园棚户区改造项目，占地15000亩的未来方舟，总建筑面积为2440万平方米的中铁国际生态城。

目前外界列举出的贵阳超级大盘共有14个，包括花果园、中天未来方舟、中天会展城、中铁逸都国际、美的林城时代、中渝第一城、中国铁建国际城、金阳新世界花园、保利公园2010、中天花园、腾龙湾、中国水电观府壹号、乐湾国际等。这些大盘的建设面积都超过了400万平方米，其中800万平方米以上有9个，1000万平方米以上有6个，2000万平方米以上有1个。

而这些大盘得以诞生的一个重要原因是，地处西南的贵阳，采取了与其他省市截然不同的土地出让方式——“生地熟挂”（其他大多数省会级以上及发达城市的土地出让基本都是“熟地”招拍挂。所谓“熟地”指的是，已完成土地开发等基础设施建设，具备“几通一平”，形成建设用地条件可以直接用于建设的土地；所谓“生地”指的是，已完成土地使用权批准手续，没进行或部分进行基础设施配套开发和土地平整而未形成建设用地条件的土地。“生地”转变为“熟地”需首先进行土地的一级开发）。

在财政收入紧张的背景下，贵阳市政府为了减少一级土地开发的大笔财政支出，便直接将土地交由开发商进行一、二级联动开发。

由于贵阳政府在财政方面比较弱，房地产企业拿地基本都是生地，拆迁由企业来进行，政府提供政策上的配合和支持，在市政道路方面也是由企业先投资建设，最后政府在税收方面有一些补贴。

号称“中国第一大盘”的花果园项目，采用的便是“生地熟挂”模式。花果园项目位于贵阳市主城区中心位置，是贵阳市最大的棚户区改造工程。

据宗美国际顾问发布的《花果园项目研究报告》显示，继2009年宏立城集团拿下彭家湾棚户区地块后，2011年4月份其又拿下五里冲棚户区片区地块，并与彭家湾片区实现联动开发，总占地面积达5000余亩。彭家湾和五里冲两个片区的拆迁补偿标准是5500元/米^2，合楼面地价分别是1500元/米^{2}和900元/米^2，拆迁总成本约100亿元。花果园项目包括土地和市政道路方面的投入达100多亿元，目前在建安方面投入已达300多亿元。

宏立城集团计划斥资900亿元，将花果园项目打造成包括200万平方米办公、200万平方米商业、150万平方米公寓、1230万平方米住宅的大型城市综合体。

而早在2006年，中天城投便开始进行占地15000亩、总建筑面积为720万平方米、17万人居住的未来方舟项目的拆迁工作。中天未来方舟项目位于贵阳南明河下游流域起点，中天城投计划斥资600亿元打造集旅游、低碳和生态为一体的贵阳“中央公园区”，其中包括540米高的西南地标欢乐半岛商务区。而中天城投不光负责该项目的拆迁、道路建设，还将负责南明河的清淤治理工作。

贵阳这14个超级大盘，都是采用这种“生地熟挂”的模式来获得土地。据《花果园项目研究报告》显示，尽管初始投入很大，但花果园项目除去拆迁成本之外的土地费用，仅合200元/米^2。

企业垫资进行一级开发，然后在拿地时政府再补贴。这样的方式虽然政府在土地方面获得的财政收入较少，但加速了贵阳的城市化进程和产业发展，政府在其他方面获得的收益要比土地收益大得多。“在财政收入有限的情况下，让开发商来进行一、二级联动开发，是一个不错的选择。”贵阳的房地产业内人士称。

房价不断下跌

2011年贵阳的商品房整体成交均价是4918元/米^2。从2012年年初开始，成交价格开始下滑，2012年上半年整体成交均价为4670元/米^2，同比2011年下降5%。可以说，自贵阳开启了大盘时代后，贵阳商品房的成交价格一直处于低位，市场以价换量效果显著。

而这与贵阳众多超级大盘的超级供应密切相关。在大盘面世之际，贵阳的房地产调控也达到预期的效果，房价被拉低。据正行合智的统计报告显示，2012年贵阳商品房住宅库存就高达3490万平方米。而仅在2012年1～6月，贵阳商品房市场整体供应量达到572万平方米，半年的商品房供应量就超越了2007年、2008年、2009年全年的供应量，占2011年全年的72%。也就是说，贵阳有近4000万平方米的楼盘，但在售楼最火爆的2007年，也仅售出447万平方米。而在大量供给的市场环境下，开发商想要快速回笼资金，就只有依靠优惠或降价来吸引购买力。在贵阳房地产市场存量放大的压力和开发商资金链紧绷的前提下，房价只能持续走低。

以花果园为例，2010年11月，万众瞩目的花果园开盘了。一期约有11000套房源，均价为6500元/米^2。而到2011年4月推出二期，均价就直降1000元，降为5500元/米^2。

2011年11月20日，未来方舟以均价4500元/米^{2}启动团购，不到一个月，花果园（彭家湾片区）便有针对性地推出5050元/米^{2}一口价的惠民房源，比之前再降500元。由于采取了超低价策略，仅用4个月的时间，便销售了6000多套。

到2012年3月17日，未来方舟就以均价3900元/米^{2}的价格第二次开盘，当天花果园（五里冲片区）便以同等价格3900元/米^{2}的销售均价开盘，后逐渐拉升至4000元/米^{2}的销售均价，推出14000多套房源。

据说，这些楼盘最终基本都是平价销售，开发商前期已不考虑赢利，主要希望靠后期的商业达到赢利的目的。比如，每年的物管费就有好几亿元。

以成本价进行销售的策略，也为花果园带来了良好的销售业绩。花果园自开盘以来，便连续23个月荣登国内销量第一楼盘，2011年实现80多亿元的销售额，2012年10个月内实现200亿元的销售额。

为了实现快速推货，花果园的销售团队也相当惊人。据售楼人员介绍，该项目曾经有销售人员1800多人，分布在贵阳以外的重庆、温州、武汉、广州以及贵州省内的地市州。

事实证明，原本很多人一直强调的贵阳市属高原山地地区，可利用的土地资源有限，特别是两城区可供开发的土地资源在减少，贵阳市人口密度高，拆迁安置量大，因此拆迁成本较高，地少人多，决定土地价格上扬——这些导致房价上涨的因素根本就不存在。

虽然房价不涨，甚至还有所回落，但实际贵阳的楼市却是购销两旺。场景经常是这样的：花果园项目推新货，短短一两个小时内，过千套60～100平方米左右的户型就被一抢而空。有房产中介公司介绍，花果园开始的时候安排了一两百位销售人员驻场，后来增加到三四百位。如果算上在场外的销售，一共有1000多位。2013年，花果园销售面积就高达356.4万平方米，占贵阳总销售面积的41%左右。

根据统计数据显示，2015年贵阳商品房成交面积约780.67万平方米，这一数字比深圳这样的一线城市的商品房成交面积都要多很多。

当然，前面交代过，贵阳之所以能够开发如此数量的大盘，与金阳新区的开发也有很大关系。在那之前，贵阳由于地处山区盆地，确实很大程度上限制了土地的开发利用。1997年，《贵阳市城市总体规划》修编提出，在贵阳市郊金华、阳关一带（即金阳新区）再建一个面积100平方千米的新城市。到2000年6月，国务院批复，同意贵阳市在城区西北部的金华、阳关一带建设城市新区。当年12月4日，省委、省政府以两办发文《关于支持贵阳市金阳新区开发建设和城市形象建设有关问题的通知》，支持金阳新区的开发建设。

2001年10月25日，贵阳市召开建设金阳动员大会，金阳办、金阳公司负责人立下军令状：3 年内完成金阳新区 17 平方千米基础设施主骨架建设。这标志着金阳新区大规模的开发建设正式启动。到 2003 年年底，金阳新区市级行政中心揭牌，贵阳市四大班子迁入新区办公，标志着金阳新区以道路为主的大规模基建基本完成，新区转入房地产开发阶段。

由于市委、市政府搬迁至金阳新区，也让金阳新区在数年时间里就崛起为一座现代化的新城，甚至其中心区的房价已经超越了贵阳老城，这使金阳新城的吸引力大增。

到 2006 年，金阳新区由于新世界地产、世纪金源集团、水电中环等国内知名企业入驻参与土地竞标，土地出让面积达到 295.94 万平方米，比 2005 年贵阳市全市土地出让量还大。这才有了贵阳之后大量楼市超级大盘的出现，也造成了贵阳房价“亲民”的现状。

但是，由于贵阳房价近年来连年下跌，还是让有关方面有些难堪，“目前，政府也开始控制大盘的出现，设定了严格的条件。”贵阳当地房产人士称，这使贵阳的房价在近年来已有所回涨。

第六章

房价上涨的原因剖析

近几年房价高涨已经是事实，但既然房价已经涨上去了，那么人们总应该对房价是如何上升到如此高位有所认识，并且对为何不同的城市房价却有如此巨大不同，甚至会相差数十倍有一定的了解。本章就对这些原因特别是过程进行一番探讨。

2000 年以来房价大幅上涨的路径

在本书开篇的几个章节中，分别讲述了当前国内几个较典型的城市过去十多年的房价走势，其中有两座城市属于当今中国较大型的城市，也是当今中国房价最高的城市。其高高在上的房价，让绝大多数的中国人都不敢直视。

那么中国这部分城市的房价究竟是怎样涨上去的？又有哪些具体的条件和原因促使房价的上涨呢？对中国近些年房价巨幅上升的路径，我们应该进行怎样的分析和解说呢？

虽然，关于房价的问题，我们会听到各种不一样的、纷纷扰扰的声音，还有各种争吵。在媒体的渲染之下，许多争论已然上升到道德层面，有了大众判定的所谓正面人物和反面人物。

在媒体和网民的眼中，中国房地产商的形象似乎一直就不太好，俨然已经成了“奸商”和“暴利”的代名词。在这些“奸商”群体中，最著名的无疑就是华远地产的董事长任志强。正如他的朋友兼合作伙伴潘石屹所说：“任志强似乎已经成了千夫所指的‘坏人’”。自 2005 年以来，任志强出镜频繁，颇受争议，众多媒体称任志强说话就像“放炮”，常有惊人之语。诸如“我没有责任替穷人盖房子，房地产开发商只替富人盖房”“房地产就应该有暴利”“80 后活该买不起房”，等等。老实说，这些雷人的“任志强语录”并非没有道理，大多数背后都有较为严密的逻辑作为支撑，但不可否认这些话听起来非常刺耳。

目前，从官方到普罗大众，都将房价的上涨归咎于投机客的炒作。甚至有些人还具体到温州炒房团这样一个群体上。也有指中国的房地产市场是泡沫市场，是房地产商人为牟取暴利而故意炒作使房价上涨的。这些观点甚至已经上升为我们这个社会的主流认识。

事实证明这些认识都是非常错误的。既然这些不对，那么我们就应该有一个比较清晰的，自 2000 年以来房价大幅上涨的原因：那就是住房供应量不足而需求旺盛!

住房需求超出以往

中国的住房需求极为旺盛。在国内，需求冲击的第一波来自中华人民共和国成立以来执行了几十年的福利分房政策的取消。从那以后，购买商品房便成了人们要改善自己住房质量的主流。在经历一段时间的不适应之后，购买商品房的观念逐渐被大众接受。随着经济的发展，部分富裕的人有了要改善住房的要求，年轻人结婚更是一种近乎“必需”的住房需求。

20 世纪 90 年代末，各地纷纷掀起了拆迁改造旧城区的热潮。根据相关资料显示，“九五 ”期间，全国城镇累计拆除房屋约 3.3 亿平方米，比“八五”期间增长了近一倍。北京市“九五”期间拆除房屋总量达 415 万平方米，拆迁户近 14 万户，被拆迁人数近 50 万人。

以上海为例，上海市 1991 年 8 月至 2000 年共拆除居住房屋 2830 万平方米，拆迁 65 万户居民住房，拆除了 6907 家单位的房屋。明珠地铁二期工程，一个项目就拆迁居民 7000 多户，拆迁面积达 21 万平方米，拆除单位 190 个，面积 15 万平方米，拆迁资金 29 亿元，占项目总投资的 22%（以上数据来源于住房和城乡建设部总经济师兼住宅与房地产业司司长、中国物业管理协会会长谢家瑾在全国城市房屋拆迁工作会议上的工作报告）。

再以曾经是全国城建学习榜样的大连为例，20 世纪 90 年代初至 2000 年，大连在东北“率先消灭低洼棚户区”。2002 年又改造旧区地块 244 块，占地面积为 849 万平方米，建筑面积为 378 万平方米，涉及总人口 27.1 万人（数据来源于大连市政府发展论文《提升城市人居环境，促进经济持续发展》）。

有这些榜样做指引，随后全国各地的城市都纷纷启动了各自城市改造和拆迁的工作。各地都在大拆大建。由于原来大量的旧城区被改造、拆迁，而且几乎采取的都是货币补偿的方式，导致大量被拆迁居民产生买新房的需求，由此掀起了第一股大规模购房的热潮。

在拆迁带来的房价上涨潮中，天津市表现得较为明显。根据《瞭望东方周刊》报道，20 世纪 90 年代初，在有商品房开发开始，天津的房价就一直处于不温不火的状态。十年间，天津房价始终在 1000 ～ 2000 元/米^2 之间徘徊。但是在 2003 年下半年，天津房价突然发力，标志性事件是 2003 年 9 月，单月成交量超过 100 万平方米，达到了 113 万平方米，从那时起到 2004 年年初，房屋价格一直飙升。

当时天津的房地产业内人士和有关学者都认为该轮房价上涨，和 2003 年大面积拆迁和大规模基建有关。如天津社会科学院经济社会预测研究所所长卢卫便认为："2003 年天津由于海河开发、旧城改造等工程，导致了大量的旧房拆迁，统计数据是 500 万平方米左右，但事实上还可能不止，因此，形成了拆迁户对房屋的刚性需求，市场上的二手房、闲置房都在 2003 年被卖空，然后就转向新房，导致房屋市场整体供给不足，最后拉动房价上涨。"

在前期的房价上涨过程中，由城市拆迁改造造就的大量需求是一大主因。虽然在后期的房价疾速上涨过程中，这部分购房者就不再是购房的主流了。但前期，由于其需求近乎是"刚性"的，便起到了一个巨大的推波助澜的作用。

来自外来购房者的影响

需求冲击的第二波来自于外来购房者。改革开放前，中国几乎没有人口的流动，除了国家的重点建设外，几乎不会有人迁到外地，因此住房需求最初都来自于本地人，商品房自然基本都是以本地购买者为主。但改革开放后，随着中国经济的发展，一部分阶层财富和消费能力迅速增强，异地购房者开始涌现并逐渐增多。初期，各地为了吸引投资，还纷纷出台了一些吸引外来购房者的优惠政策。比如很多城市都曾许诺如购买房屋就可以给予在本地落户口。

如众所周知，上海推出的蓝印户口制度；武汉市规定的购新房超过50万元的外地人可入户武汉中心城区；重庆市规定的在主城9区一次性购房建筑面积达90平方米以上且实际居住的，可凭房地产产权属证到公安部门申请办理1户（夫妻以及未成年子女）主城9区户籍；青岛市规定的外来人员在青岛市区购买单套新建商品住宅建筑面积达到100平方米以上（不包括地下室、车库面积），取得《房地产权证》并实际居住的，本人及其配偶、未成年子女或成年未婚子女可一次性迁入购房所在地落户。

许多富裕的人，可能最初也仅仅是为了追求更好的生活，纷纷加入到购房落户的浪潮中。而一些最具有生活吸引力，最受公众向往的城市便成为他们购房的主要目的城市，比如北京、上海、广州、杭州、青岛、大连、成都等（有部分热点城市房价上涨幅度小）。

当然，需求增长最关键的还是中国的人口大量迁移及城市化速度在加快。

任何人都看到了中国人生活的地域范围发生了多么大的变化。以北京为例，自改革开放以来，从外地迁移入北京以及“北漂”来的外来人口，已经远远超过了一千万，是北京原有人口的两三倍。同样的情况在其他的大城市基本都发生过。上海外来人口数量与北京也差不多，在广州、深圳也是类似的情况，还有全国的许多热点城市，如沿海的苏州、东莞、厦门、青岛、大连、杭州、南京，还有内地的省会级以上城市如成都、武汉、沈阳、长沙，等等，都迁移和涌入了大量自外地到来的人口，而这些人口都想在其现在工作和生活的城市购买房屋。

在国内，新增的城市人口主要由两部分构成，一是新增大学生；二是新增外来务工人员。这两部分大部分由未婚的青壮年组成。十年累积的新增大学毕业生是3470万（近十年毕业人数相加而得），其余的主要是外来务工人员了。

新增的大学毕业生，如果按两个人组成一个家庭，理论上，3470万人可组成1735万家庭。这1735万新家庭，无论父母在城市还是农村，都有购买新房的冲动。每个新家庭一套房，就是1735万套的需求量。

城市外来务工人员虽然没有大学毕业生对于房子的需求那么刚性，但这主要由年轻务工人员组成的新增城市人口，同样有在城市购房定居的冲动。只不过，由于收入及工作性质的局限，他们也许会避开核心城市，返回到家乡的县市购买房屋。与大学毕业生的计算类似，新增年轻务工人员大多也处于适婚年龄，都需要不少住房。

新增城市化人口的数量之多，我们从一座城市的新增入户情况中也可以看出来。近些年重庆正在积极推进户籍制度改革，而根据这项改革的计划，“2010至2011年，重点推进有条件的外来务工人员及新生代登记为城镇居民，解决户籍历史遗留问题，力争新增城镇居民300万人。”“2012至2020年，通过系统的制度设计，进一步放宽城镇入户条件，力争每年转移80万～90万人，到2020年新增城镇居民700万人。”而实际在1996年的时候，重庆的城镇人口也不过是848.21万人。

像重庆这样大规模地推进城市化，假如没有配套的住房提供，这些城市化人口怎样居住呢？也就是说，大力推进城市化，已经注定要有大量新增住房的需求。

土地控制造成住房供应偏紧

与需求旺盛相对的，却是供应偏紧。具体我们也可以看看都有什么原因：

其一，进入21世纪以来，国土资源部屡次出台了土地政策，严格限制土地的审批转让，并据此制定出了每年每一座城市全部的建设用地的总量。由于每个城市都有土地供应的红线限制，导致整体上各地政府在土地转让方面更加谨慎，不再像以往那样按照需求大量供应地块了。

在国土资源部门的土地控制行动中，一个重要的事件是，1997年杭州市成立土地储备中心。

之后杭州全市土地就由国土管理部门统一垄断调控，实行严格的土地招标拍卖制度，禁止一切协议出让行为。2001 年 11 月，杭州被国土资源部确定为全国国有土地资本运营的试点城市之一，随后杭州的经验被推广到全国。

土地由协议出让改为“招拍挂”，这是对全国城市土地供应量打击最大也是最关键的一项政策！从此之后，全国所有城市的土地供应都受到了严格的监管和控制，再难以较为宽松地放出土地了——此后，中国很多城市的房价也就走上了上涨的不归之路。

其二，整个土地市场只有一个供应者，那就是政府自己。从 2004 年 8 月 31 日起，所有经营性项目用地一律公开竞价出让，彻底造成了政府对土地市场的垄断。原先房地产开发企业除了可以从市一级政府部门拿地之外，还可以通过其他途径拿地。比如搬迁的工厂区，拆迁的居民区，都可以成为开发商的一个重要土地供应地。早期，体制上对一些县镇级一级机关的土地控制还比较宽松，于是很多县镇机构利用自己的这些自主权也都大量供应出土地。但是，随着后来出台的规范土地转让的政策，逐渐让这些渠道断绝，这是影响并最终减少土地供应相当关键的一个因素。

《财经》杂志记者任波曾于 2003 年发表文章披露：“1995 年前后，上海市 GDP 连续几年两位数增长，但商品房的销售率却逐年下降，空置率居高不下。此种迹象表明市场的土地供应过量。据上海市房屋土地局统计显示，1991 年至 1995 年，全上海累计批出住宅建设用地 23.9 万亩，其中市政府批出仅占 22.6%，各区县批出的占了 77.4%。”

《21 经济报道》2004 年发布的一篇文章《重庆：旧城改造下的土地开发怪圈》也披露：“重庆市国土房管局会同监察局联合发出了《关于继续开展经营性土地使用权招标拍卖挂牌出让情况执法监察工作的通知》。通知强调：经营性土地使用权必须招标挂牌出让是一条不可逾越的红线，对于不按规定公示招标、拍卖，擅自先行立项、违规低价确认土地价格的，领导干部违反规定，采取暗示、授意、指使手段干预和插手国有土地使用权招标、拍卖工作等违规行为，将严格按照渝纪发 200122 号文件严肃处理，强化依法追究责任。同时要求各区县已经进行了前置审批或者已与开发商签订书面项目开发协议的经营性用地的历史遗留问题处理完毕。”

由这篇文章，我们完全可以知道，重庆的土地出让环节，地方区县占据了怎样的主导地位。

实际上，这类情况当时在国内非常普遍。以广州为例，广州在2002年前之所以房价相对较低，是因为有当时尚属郊区的番禺区政府批出了数万亩的土地，以及增城区等区县批出的数万亩土地，扩大了广州的土地和住房供应，从而满足了同样旺盛的房屋需求，也因此压抑住了房价的上涨。

在北京，2002年前，首创集团在亚北温榆河投资兴建占地2500亩上城国际花园；珠江地产在通州工业区开建占地3000亩珠江国际新城；万科地产在京通黑庄户开发占地5000亩新楼盘，都是通过北京市下属的区县批到的土地。而这也是在那几年里，北京的住宅开发量特别大，而房价也相对比较低的一大原因！

这一点，在当时由国土资源部下发的一个文件中非常清晰地反映了出来，文件中规定：“土地在集中统一基础上进入市场化有序流通，这是房地产健康发展的起点。不应以一时的房价高低，作为判断市场规范与否的单一标准。关键是要杜绝多头批地，严禁协议出让。”但这却阻断了本来存在的可以市场化解决土地的问题，由某些部门根据土地价值自行卖出土地的路径。从此之后，有关部门便垄断了土地的供应，而这种垄断的土地供应，尤其是在住房最紧张的城市，几乎总是呈饥饿式的供应。

其三，在2002年之前，国内曾掀起过兴建开发区的热潮，很多地方都办起了开发区，然后就可以在建设开发区的名义下大量提供土地以供建设用地用。但在2003年后，许多媒体开始大量曝光“乱建开发区”的现象，导致大量开发区被裁撤，而没有被裁撤的部分，面积也遭到了很大缩减。根据2004年《国土资源十大新闻》所披露的消息显示：在2002年、2003年间，全国6866个各类开发区核减了4813个，占原开发区总数的70.1%；规划面积压缩了2.49万平方千米，占原规划用地面积的64.5%。在新闻中，国土资源部坦言道：“一些地方竞相盲目设立各类开发区、大量乱征滥占土地的势头得到遏制。”虽然这些政策有一定的合理性，但过分的严格打击了建设土地的供给，很大程度上造成了住房的短缺。

如果开发区批准设立，那么就可以在政策上得到大量合法的建设土地出让权利。而通过以上新闻得知，从核减的开发区数量以及减少的建设土地面积上看，数量无疑是相当惊人的，也就直接减少了大量建房土地的供给量。

其四，以往各城市对建筑的密度并没有特别严格的规定，因此建房的单位一般都倾向于将建筑物建得非常密集。但在2000～2003年期间，一方面在政府的倡导和要求下，一方面也是在部分地产企业建造高品质住房经营策略的引领下，低密度住房在一段时间内成为商品住房建设的主流。导致同样的土地出房率降低，这也是那两年住房供给减少，房价飙涨的一个罪魁祸首。

当时，很多房地产业内人士以及相关政府部门考查了欧美以及新加坡等地之后，看到这些“先进国家”住房容积率水平一般都很低，便提出“我们不应该违反这一规则”，因而要求住房降低容积率。而开发商在那时也纷纷打造低密度的住宅，并将较低的容积率看作是住房建设上档次的一个象征。

所有以上这些因素都导致了住房供应量的减少。需求旺而供给少，那房价当然要节节上升了。无论出台什么样的抑制投机的法子都难以从根源上解决这一问题，并最终让众多的中国人无法得到所急需的住房！

如今再回头看这些言论一定觉得很不合时宜了。目前多数人都在鼓吹中国应该建设“紧凑型城市”，而国土部也不断出台政策要求“停止别墅类用地供应”，以前要求低容积率住房的政策如今已经基本取消。

通货膨胀是影响房价上涨的较小因素

目前，很多人都认同这样一种观点，认为中国的房价过高是由于中国发行了过多货币造成的，天量货币造成了通货膨胀，引发了各种资产价格的上涨。一篇由长沙驰海网络科技有限公司总编辑刘誉僊所写的文章很有代表性："2015 年后的一二线城市出现暴涨，则纯粹是货币现象——大量的信用货币流入，促成了高房价，从而使房子已基本脱离了居住的属性，变成了人们的金融投资品。""房价由一开始的稳步上涨变成了如今的恶性暴涨、由普通老百姓的居住商品变成了有钱人的投资金融产品。只要是投资，就必然会产生泡沫经济，房价涨幅一浪更比一浪高。场内外无数的资金争先恐后加入'炒房大军'，促使了房价的迅猛上涨，然后反过来又吸引了更多资金的进入，更进一步推动了房价的上涨，如此无限循环，房价就很容易在上涨的不归路上回不了头，最终陷入了一个可怕的恶性循环，变成无解的存在。"

还有许多人举例称，目前我国人民币广义货币供应量已高达 151 万亿元，折算为 22.7 万亿美元，相比之下，美国的广义货币为 13 万亿美元，日元的广义货币折算为美元是 9.22 万亿美元，这样一来，人民币的广义货币供应量已经全面超越美国与日本的总和，甚至有可能赶超美元与欧元的总和。因此很多人便认为，"房价的暴涨，罪魁祸首就是货币——货币持续不断地流入市场，最终推高了房价"。

但是，这只是一个很粗陋的解释，远远经不起细致的推敲。

在仔细分析了一切原因之后，笔者相信，通货膨胀只是一个较小的原因，它可能会造成房价一定程度的上涨（在过去 20 年间，三四线城市中房价的上涨幅度基本与通货膨胀率相当），却不至于造成在中国主流的大城市中如此巨幅的上涨。

提出上述观点的人是因为，看到了如今很多人争抢着去买房子，是害怕通货膨胀吞噬掉他们的资产。这确实是存在的现实问题。

但是，通货膨胀是让市面上流通的货币都变多，如果没有其他原因，在正常情况下，房价的上涨并不会超过通货膨胀率，也就是我们说的 CPI 的指数。

事实上，如果主要是通货膨胀的原因，那么应该所有的城市同步上涨才对，但目前我们看到的是，全国也仅仅是少数城市房价出现了畸高的暴涨，而大部分城市仅仅是有限度地上涨，事实上并未超出通货膨胀率的范畴。

但很显然最近这几年主要城市的房价上涨速度要远远超过通货膨胀率，是其数倍之多，这就说明根本原因还是由于这些城市住房供不应求——当然更进一步的，还是由于这些城市的土地供给太少。在前面的论述中，揭示了中国人口迁移后所需的住房数量。目前来看，我们所建的住房，尤其是房价上涨最为凶猛的大城市所建的住房数量根本就远远落后于需求的数量，这才是房价猛涨最根本的原因！

正如同很多人所看到的那样，中国并不是缺乏土地，而完全是由于人为的原因，因为政策不让这些土地开发使用。

在北京周边，在上海周边，在几乎所有的城市周边都有大量的土地。以上海为例，目前整个市域面积为6340.5平方千米，几乎没有不能建筑住房的大山等阻隔，在极端的情况下，整个市域范围都全部可以改变成为建成区。如果那样，上海的房价肯定会有极大幅度的下降。但是，就是由于当前的政策限制，明明是有这些空地，但就是不让你在这上面盖房子。原因无他，只有一个理由，那就是要保护耕地。

事实上，如今在上海还从事第一产业方面的耕作类工作，已经毫不经济了。而一旦这么大面积土地总量中的一小部分能很快地转化为建设用土地，再辅以搬迁部分工业企业，降低工作人口等措施，那么相信上海的房价立即就可以降低到较低的水平。就如同上海在1991～1995年间，累计批出住宅建设用地23.9万亩，结果在这期间和之后的多年里，上海的很多地方房价就保持在2000～3000元/米^{2}的水平一样。

相比之下，北京管辖面积更大，采取类似措施有更大的资本，供应土地后备量更为巨大。

但目前就因为现状大多是耕地，所以现行政策就不准我们开发。即便这些土地全部开发为建设用地，所占用的耕地面积相对全国的耕地总量来说也极其微小。

重点城市住房供应严重缺少

事实上，本书的一个核心观点就是关于土地和房屋的供应量与房价的关系，房价之所以暴涨的根本原因就是土地住房供应不足。一些人可能会有不同意见，因为他们看到如今在城市周边，邻近的地方，到处都是在建的新楼盘，到处都是林立的吊塔。

怎么还能说住房供应不够呢?

确实还是大大不够。很多人仅看到了中国城市急速的扩张速度，仅看到了大量的在建建筑——这些在建建筑的数量的确比其他国家都要多出很多。

但他们没有看到中国正在发生的可以称之为人类历史上史无前例、空前的人口迁移和城市化的进程——人口正在急速地向少数的大城市集中，而这是需要大量住房的。另外随着中国人生活水平的提高，所有人都渴望改善自己的居住条件，两种需求加总之后的结果是极其庞大的。

以北京为例，笔者如今居住的朝阳区甜水园社区，在2000年前后还是一片农田，只有寥寥几栋楼房。只不过十几年的时间，如今这里已经是繁华的中心城区，属于四环内靠近CBD的绝对黄金地段，人来车往，熙熙攘攘。周边的几个小区，如延静里小区，六里屯北里，道家园等，几乎没有一栋房子在空置着。

不光普遍社区，就是高档住宅也少有空置。如甜水园南面的华业玫瑰东方小区，一期项目于2007年建成的新住宅楼盘，“集主题园林顶级景观于一体，是休闲、生态、居住的国际典范”，在市区的新建楼盘中容积率做到了仅为2.78，里面据说居住了大量高收入阶层人士。据笔者了解，整体入住率达到90%以上。

甜水园早已经不是原先城市的边缘郊区，这种郊区边缘的概念已经向东扩展了差不多数十千米。从北京市区的方向往东，过去甜水园社区，两千米左右就是如今北京著名的朝青板块，聚集了包括国美第一城、天鹅湾、星河湾、泛海国际等大规模楼盘，还有大悦城这样体量巨大的商业巨无霸。那里依旧人来车往，熙熙攘攘。再往东就到达常营地界，又有万象新天、保利嘉园、优点社区等数十个楼盘，包括了像龙湖天街这样的大楼盘，人流、客流面貌早已经超越了2000年前的甜水园社区。继续往东是通州，北京未来的副中心，其新建的玻璃幕墙的高楼大厦鳞次栉比。

2003年期间，当天通苑、回龙观、通州梨园这些新兴的大型社区刚建成的时候，大街上还几乎看不到有什么人、什么车，而如今这些社区大街上堵车的程度甚至到了让人不耐烦的地步。以天通苑为例，根据《北京晚报》2010年7月份的一篇报道，称“天通苑的常住人口超过了30万人。这一人口数量，甚至已经差不多跟原崇文区整个区的人口数量相当”。而回龙观的居住人口更是达到了40万人（这些人口数字并不准确，鉴于以往经验，基本属于被低估）。

由此可见北京人口增长的速度，绝对是令人难以想象的。这种人口的增长主要都来自于外来人口的进入。其实，关于外来人口的数量，我们在生活中也能感受得到。如今我们随便来到北京任何一家以市场化模式运作的公司，就会发现里面的员工很少有土生土长的北京人，大都来自于五湖四海。

实际上，凡是中国大城市，其人口增长的幅度都是令人惊讶的。类似北京天通苑、回龙观那样的迅速变化的社区场景，在几乎所有房价暴涨的大城市都能看到。外来人口的涌入，必然意味着巨大的房屋需求。

另外一个让很多人忽视的是中国人的住房改善。在改革开放前，很多中国城市的人均居住面积只有几平方米，一户五六口的人家常常就居住在一个几十平方米的住房中（甚至40～50平方米的住房就是大的），即使那样大家已经很满足。而如今，很多家庭，哪怕是两口之家，也都渴望拥有100平方米左右的住房。

事实证明，我们总是低估城区的扩展，低估人口的增长，低估房屋需求的水平。如果不相信的话，就让我们看看北京市历年所编制的城市规划规模人口总量吧。这种规划的人口总量已经从新中国成立之初的460万涨到480万，再到800万；一直到20世纪90年代初，有关部门还提出

“任何时候也不能超出1000万”，而到了2005年又提出“2020年常住人口控制在1800万”等。如今我们再返回去看这个规划的数字简直就像是在看一个笑话。

即便是一改再改，也还是远远赶不上人口真实涌入的速度。实际上，据北京市统计局、国家统计局北京调查总队联合发布的数据显示，2015年年末，北京常住人口为2170.5万人，其中常住外来人口为822.6万人，占常住人口的37.9%。在北京常住人口中，大约37%没有北京户口。而在5～34岁的北京常住人口中，有一半是外来人口。这些常住的外来人口，超过八成是“80后”和“70后”的青壮年。等于说已经提前十年完成并超过了最新的发展规划目标。而以上还只是官方的统计数字，很多人都认为，实际数字可能要远远超过这个。

由此可见，我们对中国部分城市人口增长的认识是多么不足！

如今，坚持住房已足够多，只是由于炒房客、货币超发造成房价高的观念的许多人，还总喜欢拿刚建成的社区没什么人烟说事。但是要知道，天通苑、回龙观，还有全国各大城市中类似的社区，最初刚建成的时候都是没什么人烟。可到现在，这些社区人口稠密的程度已经不可想象，很多地方甚至只需要五六年时间就已变得拥挤不堪。

有这样的前例，我们又如何不认为，目前很多还很偏僻，没什么人烟的社区，在不久的将来，不会变得像目前的天通苑、回龙观这样人口稠密呢？

那么，我们还是提出一个问题吧，中国的住房供应到底够不够？笔者只能这样回答：凡是房价高企的城市，住房的供应肯定都远远不够！

当然也不否认——正如笔者后面还会分析，中国房价畸高的城市仍占少数——国内很多城市和地方的住房供应还是差不多够的。也正因为这样，那些城市才有相对较低的房价。

实际上，凡是中国大城市，其人口增长的幅度都是令人惊讶的。类似北京天通苑、回龙观那样迅速变化的社区场景，在几乎所有房价暴涨的大城市都能看到。外来人口的涌入，必然意味着巨大的房屋需求。

房价畸高的城市仍占少数

如今，大多数人都开始持有这样一个观点：中国的城市分两类，一类是所谓的一二线城市，一类是所谓的三四线城市。中国房价涨的都是一二线城市，而三四线城市房价不会涨。

事实上，早在2009年，笔者就写过文章，指出“房价畸高的城市仍占少数”，并指出了部分城市为何房价不高，而且未来也不会高的原因。在这里将这篇文章继续发布出来，对理解当前中国各城市房价为何不同，仍旧有很大的帮助。

虽然在公众舆论的声讨中，高涨的房价已经成为过街的老鼠，到了人人喊打的地步。高涨，并且实际价格已经上升到天价的房价，确实已成为中国人生活幸福最大的敌人。在很多人的渲染下，似乎中国各地的房价都在上涨。

但事实并不完全是这样，其实房价畸高的城市并不占多数。在大多数的内陆地级市，特别是绝大多数的县城，房价其实都不算高。

这个结论，可能很多居住在大城市的读者都不相信。那么，我们不妨去看一下内陆地级市的房价。比如，安阳是河南一座经济相对还较发达的地级市。2010年3月，笔者曾随一个朋友看了一套当地的二手住房，房子位于市政府北门西面800米处。应该说在当地属于位置比较好的二手住房了——在中国，凡是靠近市政府，位置总是不会差的。而其户型为三室二厅一卫，面积是130平方米。房主的报价是38万元，据房产中介称再便宜两万也可以。也就是说房价可能在36万元，相当于2769元/米^2，而且带精装修。

这样的价格不能算很贵吧？

2010年5月，为了进一步证实笔者的这一判断，笔者又特意到了河北一座普通的县城调研了当地的房价。了解到，在其县城的核心区，属于上等优质楼盘的房价也只是2500～3000元/米^2，而当地的二手房价格大多只在2000元/米^{2}左右。更重要的是，在当地的百姓那里根本听不到抱怨房价高的言论。后来笔者又去了趟河南的开封，房价同样如此，而且，在开封越是市中心的房价反而还越低。因为，有钱人都跟着市政府的搬迁，搬到城市西边的新城区了。

这些城市的房价应该是具有相当代表性的。可以说，除了浙江、江苏、广东、福建的一部分县城之外，中国绝大多数普通县城的房价都与此相仿。当然如果有人问，自20世纪90年代末以来，这些县城的房价涨了没有？

的确还是涨了。在20世纪80年代初的时候，大多数县城的房价还都不到1000元/米^2。虽然近年涨了，但现在的房价贵吗？恐怕不能说贵，因在这段时间里人们收入增长的幅度可能要大大高于房价上涨的幅度。

如果再考虑到近些年来房屋品质的提升，以及建筑费用的上涨——包括建筑材料涨价，人工费用更是上涨了近100%。那么，这种上涨幅度就更可以理解了，完全在可接受的范围之内。

更多有关中国城市房价的信息，有兴趣的话不妨到各个城市去实地考察一番，然后就会发现，大多数城市的房价根本没有那么高，完全谈不上高涨，更谈不上令人愤怒。

但这里就有个疑问了，为什么这些城市的房价没有多大上涨呢？

首先，这些城市都有较为丰沛的住房供应，而这源自于可开发土地供应充足。因为，国土资源部在分配建设土地开发指标时，并没有更多考虑各地经济发展情况方面的因素，而往往只依据过去城市的规模，城市的级别等僵化的数据制定土地供应计划，使这些城市通常在国土资源部那里都能够批到相对较多的建设用土地。

其次，这些城市在中国近些年来的经济大扩张当中，通常都属于较为落伍的那部分城市，经济发展的速度比较慢，创造的工作机会也比较少，无法吸引和留住人口——当然，这是与那些大城市相比较而言。关于这点，我们可以从各城市人口数量的增减上看出端倪。

假如有空去读一下内地城市的政府报告和政府规划就会发现，这些城市大都并不甘于人口数量的停滞，通常在报告和规划中都会强调，其城市人口正在增长。很多这样的城市都对成为“五十万”人口或是“一百万”人口以上的大城市充满了渴望，甚至是梦寐以求。

但事实是，很多内陆城市的人口在本次堪称中华人民共和国成立以来最具市场化的经济繁荣周期中，并未得到扩张，甚至某些城市还由于有相当数量的本地人口流到外地，人口数量反而有所下降，对住房的需求当然就比较少了。

也因为这点，近些年，这些城市的新房销售主要依赖于改善性住房方面的需求，而较少外来人口的新增需求。

就居民的住房条件来说，在这些城市中，有相当多数量的本地居民家庭都已拥有100平方米以上的住宅，也就是说，已经完成了我们所期望的中国人的家庭住房要达到100平方米的目标。

即便这样，也不见得人们在这些城市里的生活就会非常幸福。原因是在这些城市工作的机会相对较少，所以，很多人不得不离开当地到其他地方工作。也造成了虽然房屋都非常好，而且，很多住房都进行了不错的装修，但就是房屋的利用率比较低。很多人其实并不在当地居住了，只在逢年过节才回来。

话说到这里，读者或许会觉得奇怪：既然大多数城市的房价并不高，那么为什么大家对高涨的房价反应如此剧烈呢？

因为，虽然房价高涨的城市并不算多，但涨的却几乎都是当今中国较重要的城市，也是主宰着中国经济命脉的城市；是促成中国经济高速增长最主要的，也具有主导的力量。并且在这些城市居住生活工作的也大部分是年轻人。这群人通常年纪轻轻就已经是我们这个社会的栋梁，总是可以发出主流的声音。

中国内陆房价畸高城市的分布，除北京、上海这两大超级城市之外，其他都主要集中于沿海经济发达地区，包括数个省份：广东、浙江、江苏、福建以及山东、辽宁省内一些城市，除此之外还有直辖市和各省会级城市。而这些城市，无一例外有一个特征就是，经济集聚能力强，外来人口多，消费能力强，各种需求都非常旺盛。

很大一部分地区的房价并不高昂！这无疑是一个好消息，可以使我们在解决房价问题的时候做得更有针对性一些。

而因为各地的情况不同，所以，有些人用全国统一的统计方法去解释如今的住房问题，往往就会闹出大笑话。比如，如果仅仅从一个整体，大而化之的方法衡量，中国的住房问题似乎解决得并不错，就如同有的经济学者鼓吹的那样："中国住房自有率世界第一。"问题的关键在于中国住房配置的错误。有很多人没有在他的实际生活居住地拥有住房。而且，以目前的房价形势来看，未来也无法获得！

第七章

房价上涨的原因之一——人口迁移

在本章之前，笔者在分析北京等城市的房价暴涨原因时已经表示，人口的大量流入，造成住房的需求暴增，是中国少数城市房价上涨的主要原因之一。但是，中国的人口迁移是怎么一回事呢？为什么中国会发生这样大规模的人口迁移呢？他们又都迁移到哪些地方呢？

人口向东部沿海地区迁移是趋势

为什么中国大多数城市的房价情况会呈现这样一种状态，大多数城市房价并不高，而只有少数大城市及沿海地区的城市房价特别高呢？这与中国的人口迁移和迁移的方向有很大的关系。

早在2002年的时候，笔者就与著名经济学家、时任中国留美经济学会会长、美国三一学院经济系终身教授文贯中先生合作发表过一篇文章《迁移，为了富裕的梦想》。比较自豪的是，在21世纪初就已经明确提出了我国人口将进一步向东南沿海地区迁移的论断。之后，笔者注意到又有一些其他经济学家也提出了同样的观点。事实证明，在近十年的时间里，又有数以千万乃至亿计的中国人从内陆迁移到了适合他们工作和生活的地方，特别是东部沿海地区。证明人口沿海而居确实是发展的规律。

在很大程度上，也正因为这种人口的迁移，造就了今天我们东部沿海大多数城市住房高的需求，再加上这部分城市的低供给，共同造就了这些城市的高房价。必须指出的是，这种人口迁移是无可指责的，无论从经济效益层面还是从社会公正层面都非常正常，甚至是非常好的结果。

人口迁移从来都是最普通、最正常的人类活动之一。只是当人口有规律、大规模地向某些地区迁移的时候，就有些不同寻常了。中国历史上出现过多次移民浪潮，且大多对经济发展都产生了正面影响。中华人民共和国成立后，由于计划经济体制的约束，在很长一段时间里几乎不存在大规模迁移的现象了。直到改革开放以后，经济管理的逐步放开，加之各地经济发展的不平衡，使人口迁移再次成为中国突出的社会经济现象之一。但是由于严格的人口管理政策，中国的人口迁移多数还是以一种非法定状态和不被承认的样貌出现，被称为流动人口。

无论现实观察还是统计数据都清楚地显示，中国流动人口中的绝大多数都流向了东南沿海地区，跨省流动的人口中流向的省市除北京外，其他大多都集中在东部沿海地区。

直到现在，许多人仍旧将东部沿海地区的高速发展归因于国家改革开放之初实行的不平衡区域发展政策，而对这一地区先天的禀赋优势则强调得过少。事实上，后一个原因才是关键。

沿海地区的发展是真正建立在内生性的基础之上。不断有人预言，随着改革开放和市场经济发展的深入，中国的产业会逐步向内陆地区转移。这基于“梯度发展理论”的推想理由是，随着东部地区经济的发展，劳动力成本和土地成本必然会上升，从而挤压沿海的产业逐步向内陆地区迁移。然而实际上，东部的非熟练劳动力的价格并不比西部高多少。东部地区还有大量闲置的农业用地可供工业开发，土地成本反而更底。加上东部广大的现成市场，完善的基础设施使生产成本和销售成本下降。在可预见的未来，沿海的发展速度仍会快于西部。

沿海发达并非中国独有，世界上发达繁荣的地方几乎都位于沿海地区，这绝不是巧合。

现代经济的发展建立在社会分工和贸易的基础上，有贸易必然要有运输，而航运是成本最低廉的一种运输方式，这也就是大量企业为什么愿意选址在沿海地区的原因，沿海建立企业往往可以节省运费，而大量企业聚集，又可以发挥产业集群带来的规模经济效应。

除此之外，现代工业有时候不可避免会有污染产生。在无法避免污染的情况下，污染物排到大海中要比排到很可能在下游有人畜饮用的大河中危害要小得多。

因此，工业的布局导致世界人口的分布越来越呈现向沿海地区集中的趋势，从根本上说是处于降低交易成本的需要。实际上，绝大多数国家的人口分布都很不平衡，往往是少数地方承载整个国家的大多数人口。

因此，对国家来说，人口分布不均十分正常，而且也是不可避免的，这并不是一件坏事。我国人口的迁移和日益集中还与目前正大力推进的城市化密不可分。

城市化的真谛便是在相对狭小的面积内集聚大量的人口和工商业。这样，交通、能源等基础设施的投资引起的巨大成本，就分摊到每个人和每个企业身上，变得可以接受。比较密集的人口又可为各行各业提供就近的、现成的和广阔的市场，使它们的平均生产成本进一步下降。各类人才和知识、信息的集中，又促进生产力的进步，这就是城市的集聚效应。只要一个新的移民或企业的迁入使成本上升小于其带来的效益，城市就仍然存在内在的扩大冲动，并在市场导向的经济中积聚越来越多的人口。

相对于我国的人口总量，我国东南沿海一带人口的密集度还远未达到一种更为集中、更加规模化和城市化的程度。以长江三角洲为例，我们有足够理由相信，它可以成为世界重要的都市圈，吸纳远比现在多得多的人口。

但是，如果将长江三角洲严格定义为苏南和浙北，则总面积约为7.8万平方千米，目前的人口密度还远远低于日本东京地区的每平方千米5517人。设想以中国的总人口届时将达16亿计算，如果这一地区能够承载中国的总人口的14%，就将达到2.24亿人口。

中国的人口为世界之最，而长江三角洲的位置和水资源优势亦可算得天独厚，这样的人口密度并不算高。按照类似的算法，珠江三角洲和其他的一些沿海地带及京津唐地区，都能从全国吸收大量的人口。如果允许并鼓励这种人口的行为，就会为中国解决大量的农村剩余人口的出路问题，从而优化中国的人口分布，促进中国的现代化进程。

因此，中国人口大迁移，不仅是不可避免的，也是完全符合经济规律的。在今后的几十年中，中国有一个极好的机会优化人口分布。大部分人口不再被绑在贫瘠的土地上，他们可以离开土地，在工业和服务业中谋生。当然首选向水源充沛、交通便利、基础设施发达、经济繁荣的沿海地区移动。

有调查指出，中国80%以上的农村贫困人口都生活在那些有着严重生态环境问题的地方，大量增长的人口为了获得更多的生存空间，使生态环境遭到更加严重的破坏。将这些地区的人口迁移出去，无疑是解决办法之一。

我国正在实施的生态移民战略就是为了解决这一问题。从现有情况看，其规模还应当加大，速度还应当加快。

除了那些贫瘠的地区之外，许多水源充足、土地肥沃的内陆地区之所以也会有相当多的人选择外出打工，是因为当单位土地上承受了过多的人口，而又缺少产业生长的土壤，人们就无法富裕，外出打工成了唯一的选择。

我国当前和今后很长一段时间的主导性和有竞争力的产业仍为低级制造业，这决定了对顺畅而低廉的海运将继续依赖。工业分布也会更加依赖海港的分布。沿海地区必将吸纳更多的人口，提供更多劳动报酬较高的非农工作机会。这样，既满足了这些地区产业对劳动的巨大需求，而他们所遗留的土地资源也可以分配给留下的人群使用，提高他们拥有土地的规模。

这样，无论对迁出的还是留居的人们，生活都会变得更好。

因为有大量的移入人口，所以，沿海很多城市的房价也就比内陆大多数城市的房价要高。

中国规模恢宏的人口迁移

为什么中国的人口需要迁移，分布需要优化呢？其实有很多原因。

如果你坐火车前往福建，就会看到福建深处连片的崇山峻岭，这些崇山峻岭间几乎很难看到人烟，然后就在那山沟里的一小块平地上，会偶尔出现几处农庄。

如果仅仅是人们的想象，福建当然应该属中国一个相当富裕的省份，但是在这些大山深处的农舍你却根本看不到丝毫富裕的影子，人们依旧在田间辛勤的劳作，但是，居住的几乎都是那种最破败的房屋，民众的服饰也都相当陈旧。

西北一些地方很多村民住的就是土坯房，某些地方由于极度缺水，甚至一两个月都不能洗一次澡。因为当地年平均降雨只有 300 毫米，只能靠修建水窖，把降雨收集起来，以此解决老百姓的用水问题。有人对此表示，由于吃的水来自远处的小泉眼，翻山越岭挑回来一担，洗脸都未必舍得。

通过电视媒体，我们还知道在西南的大山中，有需要乘着一根铁索过江的民众；还有发生于2010年年初的西南地区大旱，因为媒体的关注，我们知道了许多居住在当地大山深处居民们的生活艰难：如需要肩扛几个小时取一桶水，到镇上去买东西要走一天等。

由于他们的生活很难融入我们整个社会的经济大循环中，因此，就不能为我们国家的发展提供任何帮助。同时他们自己的生活又是如此的贫困，最终的方式，必然是大多数人都必须迁往生活和工作方便、交通便利、可以更多地融入整个社会经济大循环的地方。

在那些地区，道路很难通达，即便能通达，成本也十分巨大。就为不多的几户人家修一条公路，或者铺设很长的电缆，还有通讯用的线路，这样花费在个人身上的成本就会极其高昂。经济学的传统理论早就说明，公共基础设施只有在达到一定使用人口数量的时候才最有效率，否则使用人口太少，就无法摊薄本来花费巨大的建造成本，而且可能根本就不够维持其运营的成本。这就注定在这些地方生存、发展是不经济的，也因为落后的交通等因素的制约，那些地方的生产力也相当低下，所有这一切都直接导致人们在那里生活注定贫困。

如何改变这种局面呢？唯有迁移。人们必须放弃那些已经不适合现代居住和生活的地方，迁移到适合人类发展，可以更容易、更高效地使用其劳动力，使其达到自己所应具有的更高生产力，并可以因此获得更高报酬的地方去居住。

这些只是极端的例子。实际上，中国的人口如果要转移，也不一定要等到如此艰苦的时候。其实，只要发现在自己的生活地无法得到更高收入，为了改变，为了能过上更好的生活，就会有大量的人口进行迁移。如前文中指出的，中国的人口向东部沿海地区迁移的趋势。因此，我们看到湖南、四川很多人口流动到了广东，河南、安徽很多人口流动到了江苏、浙江等地。

总体来说，人口是向工作机会多，并且工作报酬高的地方流动的，这就使中国的人口迁移呈现出明显的趋势。

必须认识到，中国的农村人口依然还是太多，虽然名义上差不多9亿的农村人口，实际数字已经没那么多了，但今后仍然会有数亿人口迁移到城市，摆脱农业化的生活方式。

当然，虽然笔者坚决支持中国的人口迁移，但绝非支持强制迁移，任何的人口流动都应当建立在自觉和自愿的基础之上。如果不采取自觉和自愿的方式，即使政府是在做好事，也很可能会遭到很大反弹，反而效果不好。政府需要做倡导和劝说，让更多的人能够脱离原先的闭塞、困窘的生活，加入中国的经济大循环中，可以更多地为我们国家的建设提供助力，而不是总是靠扶贫政策进行不断地补助。事实上，最好的扶贫就是让他们能够自食其力，能够用他们的劳动为社会提供服务，从而也可以获得更高的报酬。

不过，目前人口迁徙的矛盾，主要还是集中在很多人实际已经迁移到新的居住地居住和生活了，但却因为住房、户口等问题，无法在迁移地实现定居，这才是最应该解决的问题。我们应该积极创造条件，让这些事实上已经迁移的人口真正在迁移地定居下来。

从国际惯例来看，随着经济的发展，农村人口肯定是要逐步减少的，世界上几乎没有发达国家的农业人口超过其人口总量的5%，包括与我们生活习性比较相似的东北亚几个国家，如日本、韩国等。

未来中国内陆的经济发展水平可能会达到如中国台湾地区、韩国这样的水平，即人均GDP达到10000美元以上。而一旦达到这样的发展水平，那么我们的农村人口占总人口的比例也很可能会降低到与台湾地区、韩国相仿的水平。也就是说，中国未来的农业人口很可能占中国总人口的10%甚至以下。

这也意味着，大量的农业人口必定还会继续逐步迁移到城市当中，未来很可能还有大约6亿的农业人口要向城市转移，这也就是许多人所讲述的中国的城市化运动。

人口向哪些地方迁移

城市化，人口向城市转移只是一个泛泛的概念。我们还应该具体分析一下，中国的人口到底会向哪些地方转移？而这对判断我国各城市地区的房价走势也有巨大的帮助。人口流入多的城市，一定是住房需求旺盛的地方，而这必然会拉动这些城市的房价上涨。

根据观察得知，我们可以将民众的迁移方向大致分为以下两类：

其一，人口迁移首要选择还是在当地，也就是离家乡比较近的地方。

这样的迁移对迁移者来说有很多优点。距离较近，风土人情都比较熟悉，环境也比较容易适应。缺点当然也存在，那就是可选择范围较狭窄。而且，迁移后的就业机会可能会受限，相对收入就不会太高。

当然，即便是当地就近迁移，我们也还是可以进一步将迁移地分为三种类型：

1. 当地和邻近的县城。

2. 当地和邻近的地级城市。

3. 当地的省会城市。

目前，哪怕是农村的年轻人，如果要结婚成家，基本条件中的一条也大多是要在县城里有一套房子。这一事实足以说明了以上最低等级的县城人口迁移的情况。但是迁移居住到内陆的县城有很多缺点，因为内陆的县城往往就业机会狭窄，导致很多人即使在县城暂时定居下来，也只能处于失业或半失业状态，只能继续同时在其他地方打工。因此，有条件的人，一般不会在县城定居下来，这会造成人口的二次迁移。

因此，自 20 世纪 90 年代末期房地产市场开始市场化发展之后，就平均水平来说，中国内陆的县城人口比例都有较大的增加，但是近年来却显现出增加乏力的情况。根据消息得知，虽然有新的人口移入，但也有相当数量人口移出。目前内陆各县城相对人口较为稳定，没有大的增长。并且，县城由于本来土地资源就比较丰富，总能多搞到一些建设用土地，使内陆县城一般土地供应都很充足，住房也就供应充足。

这使内陆绝大多数县城的房价都很平缓，没有出现人们指责中的大涨，也没有出现很多人所说的泡沫现象。未来，除非有什么特别的改变，否则这些城市的发展还会如现在这样不温不火，预计趋势还会延续下去。而部分县城甚至可能会走向衰败，就如同在日本已经发生的那样。

至于内陆的大多数地级城市与县城的情况差不多。目前这些城市的人口，与中国其他绝大多数地方一样，都得不到准确的统计。但是，就我们直观的感觉来看，大多数地方人口即使有所增加，也是非常缓慢，增加的比值不大，个别地区甚至人口有负增长。或者，部分城市虽然就人口的相对数来说有较大的增长，但由于城市的人口基数原本就较少，所以，其总人口数量仍然是比较少的。

因为有这样的特点，在中国这些类型的城市，房价也并无过分高涨的增长，总的来说是当今中国房价比较合理的城市群体。上述城市就是人们口中经常所说的三四线城市。

相对来说，省会城市的消费和人口的增幅都是比较大的。我们到国内任何一个省会城市都能感受到其市场的繁荣，基本都能远远超越本省内的其他城市（除非一些拥有极强要素禀赋和资源的城市，比如深圳特区、山东的青岛、辽宁的大连、福建的厦门等）。在通常情况下，省会吸引的外来人口，包括本省农民进城人口的绝对比值都是最高的。人口到来多，当然住房需求就旺盛，这也是在中国，凡是省会城市，房价都比较高的一个主要原因。关于省会城市的优势，在后边笔者会专门拿出一个章节进行细致地解说。

其二，很多农民会离开家乡，到远离家乡的外地城市打工。在条件允许的情况下，很可能就会在当地安家。他们所选择的外地城市主要集中在：

1. 首都北京。关于北京的优势，所需就业人口的数量之多，笔者在后边的章节中还会有具体的论述。

2. 沿海地区，包括长江三角洲一带、珠江三角洲一带、福建沿海、胶东半岛地区以及天津、大连等沿海城市及其周边。首先是上海、深圳等城市，还有数个沿海省份的省会，如广州、杭州、南京等，以及苏州、无锡、南通、宁波、温州、台州、厦门、青岛、大连等沿海城市。

前文已经说过，沿海发达是国际上的普遍现象。目前可看到，已经有大量内陆人口，包括大量的农村人口来到中国的沿海发达地区工作和生活了。但是，大多数人都未能定居，政府如果能积极为这些事实上已经在迁移地工作和生活的人口创造条件，促使他们安家，会很大程度上解决这一问题)。

当然，如此大规模的人口迁移，也在当地产生了大量的住房需求，这也是这些城市房价都格外高涨的原因之一。

3. 内陆相对比较少的经济比较发达的地区，包括青藏、新疆等地区。这些地方往往人口较少而资源丰富，对资源的开发利用或者是国家的高额补贴，让这些地方的经济获得蓬勃的发展，也会吸引到相当多的外来人口。也包括个别不依靠资源，而是产业比较发达的新兴城市，如芜湖、柳州等地。

由以上分析我们可看出，中国的人口迁移是不平衡的，少数地区和城市吸收到了大量的人口，这在很大程度上造成了中国房价的高低不均。

那些有大量人口移入的城市住房需求旺盛，通常房屋售卖，包括二手房的售卖热情都非常高，市场活跃。如果这些城市再有土地供给减少的情况，往往就会造成房价的暴涨。

省会拥有何种优势

在目前中国的人口大迁移中，也就是人们经常说的城市化过程中，除了沿海地区能够吸引大量外来人口之外，在内陆，通常各个省的省会或者自治区的首府也会在经济的发展中取得巨大成功，并吸引到大量外来人口。因此，这些省会城市的房价也都普遍偏高。

人们都注意到了，拥有省会地位对城市发展的推动作用是巨大的。许多原本名不见经传的城市由于成了省会，而一跃成为省内最发达和经济、社会实力最强的城市。比如郑州、石家庄、合肥、南宁，这些城市在城市面貌和市场繁荣程度、城镇人口数量等指标上，已经与省内其他城市拉开了明显的距离，处于绝对的优势地位。而某些城市却因为失去了省会的地位而变为一座极普通的城市。

典型的例子如保定。这座城市在中华人民共和国成立前，其城市声望、历史，还有市场的繁荣程度，都要远远高于目前的河北省会石家庄。清朝时期就一直为直隶省总督府所在地，是河北省无可争议的政治、文化和工商业中心。但在失去省会地位之后，保定如今只能沦落为省内一座普通地级城市了。甚至就实际情况来说，还可能已经落后于省内的唐山、秦皇岛等城市了。与保定情况类似的城市还有开封、安庆，甚至还有桂林等。

据《燕赵晚报》文章报道：60 年前，石家庄刚刚解放时，市区人口仅有 12 万，而到了 2005 年年底，市区人口跃升到了 224 万。而根据 2010 年制定的《河北省人民政府关于加快城市化进程的实施意见》，其中有段规划表示，保定、廊坊、张家口、秦皇岛、沧州市 2015 年城市人口分别达到 100 万以上。虽然石家庄和保定两座城市的人口统计都不一定准确，但从上面报道和文件中，足以看出这两座城市已经有了巨大的差距。

另一个例子，省会搬迁对一座城市影响最大、也最令人叹息的，当属曾经的七朝古都开封。开封是一座有着悠久历史和声望以及极强文化传统的城市。作为一座历史古城，开封原先是有雄厚底子的。中华人民共和国成立之初，开封市无论是人口还是商业、经济规模等都远超郑州。1953 年开封人口已经有 36 万，而同时期的郑州人口却只有 3 万。甚至在 1954 年省政府搬迁过来之后，当时的整个郑州市也还没有一辆运营的公共交通汽车（以上内容和相关数据主要参阅自《大河报》的文章《解密档案：从开封到郑州省会大搬迁》，以及《决策》杂志的文章《开封！开封！》）。

然而在让出省会地位 50 多年之后，如一位朋友说的，开封成了河南最衰落的城市，不仅看不到如今郑州那样的光鲜亮丽、物质繁华的外表，有的也只是“破旧、狭窄、拥挤、肮脏的街道和萎靡不振的经济”。（根据《郑州常住人口数量2016～2017年最新常住人口数据统计》得知，2016年，郑州中心城区常住人口达到600万以上，而2013年，这个数字是300余万。截至2013年9月，郑州市区流动人口每年以25%的速度递增，城市人口密度仅次于广州，居全国第二位。而根据《开封日报》的文章《开封城市面貌日新月异》中报道称，开封“市区建成区面积达89.5平方千米，人口90.3万。”由此可见，郑州与开封之间的巨大差距。）

类似的例子，我们还可以在安庆与合肥、桂林与南宁等城市的变迁中看到同样的情形。

从这些例子可以知道，省会在中国的城市发展中占有多么大的优势。

省会之所以具有优势是因为集中了全省主要的经济资源和社会发展要素：最重要的党政机关及各事业单位；城市金融、交通、教育、科研、医疗以及为之服务的酒店、市场、商贸机构等等。

省会还有大量垄断企业和垄断机构的总部，如能源、电力、通讯以及各类贸易公司等，而这些机构也都能提供大量高薪的就业人员。同时，由于省会还具有权力审批等方面的优势，当外地企业想要开拓这个省的市场时，也往往会将其分支机构设在省会。

省会通常还是该省的金融中心。中国绝大部分的大型银行，包括商业银行、股份制银行，都会将自己的省一级分行设在各省省会，如证券公司、保险公司、期货公司、基金公司、信托公司等等。省总部也一般都放在省会，而这些金融机构的员工基本都是高薪就业人员。围绕这些还有大量的服务性的分支机构，又会雇佣很多工作人员。这些工作人员都加强了省会的消费能力和水平。

另外，作为外来企业方面的投资者通常也都会选择那些各方面基础比较完善的城市。首先交通会比较方便，省会城市一般都会处在交通的节点位置，尤其在机场、航空条件上，省会城市的航班都会比较多，交通便利。往往精英人才都会在省会聚集，更便于企业招收员工。

其次，根据经验去省会城市投资地价上涨的幅度也会比较大，投资者除了自己的产业收益之外，还能收获一点地价上升的额外收益。因此，内陆的省会城市相对省内其他城市在吸引外来资金方面也都具有更多的优势，可以吸引更多的投资。

由于省会富裕发达，通常是内陆省份中最繁荣发达、最有声誉的城市，所以，这个省内的富人或其他有条件的人，也都会倾向于在省会购买住房。笔者在北京的很多朋友，他们除了在北京买房之外，通常还会在他们原籍的省会购买一套住房。

正因为省会具有如此多的优势，因此，一座城市如果成为省会，其消费力等指标往往都会得到极大的提升。就业人口猛增，市场往往可以更加繁荣，以至于内陆地区的省会城市发展可以不逊色于东部经济快速发展的城市。

这也是几乎所有的省会城市都会被称为是消费城市的原因。还会出现这样一种现象，内陆的部分省份，即使其省会的工业水平远不如其他城市（实际上标志着创造财富的能力弱于其他城市），其繁荣程度也不会差。如河北石家庄工业大大落后于唐山、广西南宁工业不如柳州，不过，石家庄、南宁的繁荣还是要大大超越唐山和柳州。

因此，各省省会几乎都成为了最能吸引外来人口城市中的一员。大量外来人口，大量就业机会，就带来了省会城市的繁荣，也造就了省会城市普遍的高住房需求，带来了省会城市的高房价。

可建设用地不平衡

既然有大量的人口迁移，而且大多数都集中迁移在某些特殊的区域，这也就造成一个新的情况——中国可建设用土地的不平衡。

中国曾经有好多经济专家提出了这样一个主张：中国人多地少，资源紧张，因此中国人应当限制居住房屋的扩大，最好是都开发成60平方米以下的住房。这些经济学者总是强调，土地有多么宝贵——中国土地资源十分稀缺。正因为他们的呼唤，在中国，浪费耕地已经成为非常严重的一个罪名了。

记得2002年期间，包括中央电视台在内的各大媒体曾连续不断地播出过大量反映土地浪费现象的节目。那时，媒体针对的目标主要是各地自建的小开发区。就“乱占耕地”问题而展开的媒体之间的报道大战曾经开展得如火如荼，并且总是能够得到全国人民极大的认同。

这也是后来国土资源部门借此收紧了土地控制的一大诱因。

笔者当然相信，土地是相当宝贵的资源。不过，虽然国土资源部一再强调并推出限制土地开发的政策。但是，在目前的中国仍有一些相比较之下较为浪费土地的现象。

哪些地方是浪费土地最严重的呢？只要看看当地的房价就行了。我们看到在所有的大城市中，土地都是非常珍贵的。也正因为如此，只要还有办法，几乎都在见缝插针地建设着各种建筑：住房、办公楼、商业大厦。

在房价高涨的地方，基本不存在土地浪费现象。只有在那些房价便宜到让人惊叹的地方，才更会发生土地浪费。

在这些地方，无一例外都是土地不值钱，可以大笔的挥霍。这些地方的道路总是近乎奢侈般的宽阔，而汽车行驶却相当稀少。在建成区内，建筑往往盖得很稀疏，相邻建筑物常常都会相隔很远，建筑的空置率也最高。很少高层建筑，还往往有占地异常广大的广场。

这样的情况在内陆省份中那些除省会之外的普通地级市就比较常见，而在各个县城和乡镇表现得就更为突出。如果说有浪费土地的情况，那么一定是在这里。

关于土地的浪费现象，我们从下面一个例子就足以说明：某个城市在推出新的土地转让计划的时候，发出了其“土地供应只有10%是建设用地，而其余90%都是绿地和公园用地”的豪言。

通常，在这些房价低的地方，地方经济发展都比较弱，人们的收入较低。房价低，当然有收入水平低，购买力弱的原因，但更有土地不值钱，可以在更大程度上挥霍的原因。虽然在需求方面表现得比较疲弱，但在供给方面却与发达地区差不多，至少审批不那么紧张。因为中国的国土资源部门通常是根据城市的级别，以及以往的建设用地情况来审批新建建设用地计划的，与市场上的实际需求情况往往有很大脱节。另外，由于这些市县本身土地就多，也就有可以利用国土资源部门的平衡占补政策，获得更多的建设用地。比如，推平山头，填平湖滩等。

严格控制土地的政策，导致各地的用地指标都由国土资源部来计划分配。从三四级城市中发生的情况可以看出，至少在土地供应的多寡调配方面，国土资源部的控制政策没有足够反映出各地土地紧缺的程度。导致越是在大城市，经济发达而且人口涌入越多的城市，土地批出的却更为谨慎，人为造成了建设用土地的紧缺。

地少当然就会昂贵。当然，也正因为土地昂贵，所以我们也才看到，在这些土地昂贵、房价高昂的城市，土地使用都很集约；而在那些经济不太发达的城市、乡村，土地使用就宽松很多，甚至会发生相当多土地浪费的情况。

假如土地供应是采用市场的手法，那么只有在那些土地最紧缺，价格最昂贵的城市才有更多的冲动去供应更多的土地。但是，目前我们的土地供应政策却是类似计划经济那样的一种模式，由中央政府的某一个部门统一决策土地的供给多少。

根据经验，由这一部门制定的政策，根本没有解决大城市和经济发达城市的土地紧缺问题，这直接造成了大城市普遍的高房价。

农村存在占用土地严重的现象

实际上，地方市县一级的城市，也就是人们所说的三、四线城市虽然有些浪费土地，但并不是最多，占用土地比较严重的还是在农村。华远地产前董事长任志强就指出："我国农村建设用地总量是城市建设用地总量的 4.6 倍，农村居民用地高达 16.4 万平方千米，人均用地远远超过国家标准。"

2008 年的时候，笔者曾经调查过广东的一些城中村，得知村民中很多人家的住宅占地面积都在 400 平方米左右。正因为有这么大的宅基地占地，许多城中村居民可以在此之上盖起五六层的楼房，部分甚至盖起高达十层的楼房。

因采访的关系，笔者曾接触过深圳龙华镇水斗村一位叫冯桂龙的村民，看过他家以及与他同一个村的村民在宅基地上盖起的高达十层楼的自建楼房。这样的楼房在龙华当地非常普遍，很多城中村的村民盖的住宅都是这样。

当然广东的城中村并不浪费房屋和土地，相反，他们恰恰是最集约使用土地和住房的。因为，在这些城中村里，村民所盖楼房本身就是为了出租所用，这些自建楼房里，居住着大量在城市中打拼的“蜗居”一族，解决了大量打工族的住房问题。举这个例子，只是想说明农村普遍的占地情况。

部分广东城市的情况较为特殊，当然类似的为出租而建的楼房，我们在沿海省份那些经济发达的地区，以及内陆城市中的城乡接合部地区都能看到。但是在内陆省份那些广大的乡村，情况则完全不同。

实际上，国内很多内陆省份的农村，每个农户家庭的住房宅基地面积通常都与上述广东城中村的情况相仿。但是，与广东的城中村一栋房子里边可以住大量人口不同，在内陆农村同样大面积的住房里面，大多数情况下却只居住着一户人家，人口也常常只有三四口人而已。

南方一些内陆的省份，如湖南、江西、湖北、四川等，大多数地方的经济都不太发达，大多数乡村都缺少实际产业的支撑。虽然经济不发达，但当地人们兴盖住房时却一点都不落后。通常都会在很大一块宅基地上，盖一栋三层高的小楼。这使家庭的住房使用和分配可以做到极宽敞、极舒适。但即使如此好并且宽敞的房屋，很多住户日常却并不使用。因为他们根本就不在那里居住，很多人都去外地打工了。他们的工作、生活其实都已经迁移到了沿海地区，或者省会等大城市那里，只是在春节或者小长假才会返回这个家。

关于这些地方打工人口的实际数字，从未有过具体的统计。仅就观察也可以看出，在内陆农村，绝大多数民众都有外出打工的经历。

大量人口都在外地打工，也就是说，这些宽敞、漂亮的住房，实际利用率都极低。而那些到沿海地区或各大城市打工的人，他们的实际工作和生活，虽然已经都在当地，但却大多数都买不起当地的住房。

高房价存在危害

如今，高房价已经成了社会各界的众矢之的。大众一致抱怨，高昂的房价让人们生活在水深火热当中，使民生问题无法解决。近几年的两会，相当部分政协委员和人大代表们的提案，说的都是房价的问题。

但与此同时，也有人认为，高房价是好事，它让持有的人资产增值。他们还强调，相比较高房价的抱怨者，这些房价上涨的受益者因为没有不满，所以发言的欲望就不高。

这些话潜藏的意思显然是：沉默的人大多数还是喜欢高房价的。

这里就引出一个新的问题：高房价到底是好是坏？或者我们还可以更进一步地说，难道房价高就没有好的一面了吗？

正如一些为高房价辩护的人所说：高房价并不完全一无是处。高房价，让持有房产的人房产增值。特别是有关专家还举出一个数据，称在中国85%的人都是有房一族，而高房价可以使这些有房一族拥有不菲的财富。根据85%的数字显示，似乎受益者应该占据多数。在房价的持续上涨中，很多人不知不觉间便成了百万富翁，这种财富效应足以让许多人为之着迷。

真是这样吗？

虽然有很多人质疑中国85%的人是有房者这一数字的出处，但笔者还是相信它很可能是准确的。但是，这绝不代表房价上涨这些人会受益。实际上，这85%人中的绝大多数拥有的只是在农村的自建住房。根据我国现行法律规定，这些房子买卖起来非常困难。也就是说，这些人根本享受不了多少房价上涨的好处。真正在高房价中受益的只是那些房价高涨城市中拥有多套或大户型住房的人群，在全国的分布中，这些人仍属少数。

更重要的是，根据规划和人们的预计，未来还会有大量农村人口移居到城市。如此一来，这些留在乡村的住房还有意义吗？

除了这些摆在桌面上的好处，我们再来看看高房价又有什么样的危害。

我们必须看到在未来的数十年里，中国的经济还会继续发展，从而让中国的人均收入达到一个较高收入国家的水平。在目前的高房价形势下，虽然大部分城市的原住民都拥有现成的房改房等类型住房，但是他们中的中下水平收入阶层如果想购买新的住房以改善自己的居住条件就变得无比困难。在中国经济仍然迅速增长的情况下，高房价势必成为中国人提高自己生活水平的最大障碍。

除此之外，高房价另一个重大危害在于，让目前我们这个社会上最辛勤苦干的阶层看不到未来的希望，却让很多食利的阶层可以不劳而获。这有违公平的规律，而且，根本就不是一个正义的社会所应该具有的特征。

高房价不利于社会风气向尊重劳动、尊重辛勤奋斗的方向转移。对我们国家的未来、中国人的人心、道德走向建设都将带来巨大的负面影响。

这还仅仅是一个方面。

高房价的更大危害，还在于它大大影响了中国人口的迁徙，妨碍了中国人口布局优化的过程，让人们被迫处在不断要在两地奔波的处境下，如一年一度的春运便是如此。

理想的状态是一个人在当地工作，就可以在当地定居。但是，在我国却很难实现。高房价使人们在他工作、生活的城市无法得到真正舒适的、能够让其安家的住房。一个人在外，如果没有住房就没有家，只能每年春节的时候大家一起赶回老家团圆了。

但是，当今高昂的房价，却让中国人这种充分迁徙的权利丢失了。而且，还使许多人必须无奈的同时占有两处住房：老家的那一套条件好，面积大，但大多数时间都闲置，只在过年家庭团圆的时候才使用；工作的地方住房是租的、条件差，只能暂住。

这难道不是更大的住房和土地浪费吗？

许多人注意到，在中国的春运大军中，外来务工人员占据了极大的比例，在他们的潜意识中总认为外来务工人员就应该回原籍，就不该在他们实际的工作生活地定居下来，这种想法不一定是正确的。

此外，高昂的房价还让大多数城市居民生活空间局促，这直接造成了居民对生育问题的担心，使民众倾向于不生育或少生育。而当前我国正面临人口生育率下降的趋势，新出生人口减少、人口老龄化已经成为一个非常严峻的问题。当前我国必须扭转生育率低的形势让更多的适龄人口愿意生育。

需要住房的城市外来人口

解决住房问题，一个重要的前提必须弄清楚，那就是我们解决住房问题针对的目标人群应该是哪一些？哪一个群体最需要住房？那些对房价暴涨意见最大的群体又是哪些？这需要我们对城市的居民进行比较详细的分类和分析。

前文中笔者提到，只有在大城市，房价上涨才最为凶猛，房价之高也最为令人瞠目。也只有在大城市，房价上涨给当地人们造成的冲击最大，对老百姓的生活影响也最大。也就是说，房价上涨首要的受害者还是集中在那些房价最为高涨的大城市中。

但是，以上分析只是让我们知道了房价上涨是哪些城市，我们还必须要知道，对房价意见最大的群体和阶层又是哪些？

这里我们就不谈那些富人和有权有势的阶层了，因为他们无论在哪里，房子都从来不是什么问题，无论高低贵贱，他们都能够买得起。我们只谈在这些大城市中生活的普通老百姓，他们是最关心房价的一群人。而对这些老百姓，我们又可以分为两类：一类是城市的原住民；一类是外来的工作者。

首先，我们来看一下第一类，那些大城市的原住民，他们需要住房吗？他们对房价的意见大吗？

总体来说，他们对房价的意见并不特别大。实际上，这些大城市的原住民大多数都拥有自己的住房，而且许多有权势、有办法的都还拥有多套住房。这些住房很多是以前福利分房时分到手的，然后在房改的时候用低价赎买过来，也有些是父辈以前遗留下的财产。

当然，在这些群体中，有一些也需要住房，但通常都是改善型的需求。比如，希望将以前的小房子变为大房子，或者家中有了孩子，要给孩子准备婚房。这样的需求相对还是较弱，至少不那么迫切。而且，由于很多人拥有多套住房，往往更加不在乎房价的高低了（相反，他们很多事实上成了前面讲述的资产增值的潜在受益者）。

后一类就是外来的工作者，就是我们前面所说的迁移过来的人口。如果再分细致一些，这个群体又可分为两类：一类是非常幸运能分配到单位住房的人，如中石油、中石化等央企或是那些机关单位，那么他们就可以用低于市场的价格买到一套不错的房子。

这样一来，他们还会对目前的高房价有意见吗？如果能买到肯定就不会了（不过，一位朋友告诉笔者，其实在这些央企和机关单位当中，分配到住房也是件非常难的事情，而且常常都要等到40岁之后，他们中的很多人对高房价同样也是深恶痛绝的）。

另一类就是那些没有这么幸运，只能在市场上以市场价格购买商品住房的纯外来人员。他们目前已基本占据了大城市职业市场中的大部分基础职位，已经成为职业市场的中坚力量。但房价的高涨让他们本来希望融入自己所工作的城市中，而且还打算安家在城市的梦想近乎破灭了，每次看到高涨的房价都让他们目瞪口呆，头昏眼花。

正如笔者之前所分析的那样，在房价暴涨的大城市，无一例外也都是外来人口最多的城市。他们在这座全新的城市工作和生活，这座城市承载着他们的希望和梦想，他们渴望在这座城市中生活并安家。但是，目前高涨的房价让他们的梦想化为了泡影。

他们才是我们这个社会上最需要住房的一群人，而且也成为对目前极高的房价最为愤懑的一群人。

不要小看这个群体，实际上，他们已成为我们这个社会的中坚力量。虽然这个群体的总人口占据我们这个国家总人口的比例并不算高，但是他们声讨高房价的呼声却无比强烈，这就是让人感觉仿佛整个社会的人都对房价高涨反应强烈的一大原因。

当然，笔者说的这些城市外来人口，包括已经在城市中取得户籍的，也包括那些没有取得户籍，但仍然在城市里工作和生活的打拼一族。

户籍在当今社会中影响已经变小了，由于工作岗位众多，而工作人口不足，使众多市场化的工作单位，在招收员工时很少会考虑户籍问题。所以，在外来人口众多的城市，有城市户籍的就业人口要远小于无户籍的。

以北京为例，北京的户籍人口是1200万人，而据最新的数字显示，北京包括流动人口在内的总人口已达到2200万人。也就是说，目前在北京的人口中有1000万都是外来的人口——实际数字肯定更多，因为在北京的1200万户籍人口中还包含很多本来是外来的，但已取得北京户籍的人口——北京也是一座外来户籍人口不断增加的城市。

并且，这些人口绝大多数都处在就业的黄金年龄，很多职场中人都知道，公司里没有北京户籍的人比有北京户籍的还多。

他们可能是各大媒体的记者，或是各大网站的编辑，还有各大公司基层的核心员工、设计公司的设计师、咨询公司的咨询师、策划师、健身教练，等等。

社会上爆炒的两限房与他们没有关系，因为他们没有当地的户口，享受不了那样的待遇，大量的经济适用房也大多只会分配到少数人手里。

他们是面对高涨的房价最感到绝望的一群人！他们都具有相当高的素质，很多都是名牌大学的毕业生，为了追求人生的梦想，为了家庭的幸福来到他们现在工作的城市。

不应当仅仅因为房价的问题而让他们人生的梦想破灭。

很多人总宣称："住房是人的一项基本权利，保障人的住房权利是政府的责任。"但是他们知道最应该得到这种保障的人是哪一群人吗？有针对他们的保障措施吗？

第八章

房价上涨的原因之二——供给不足

除了人口的不平衡迁移使某部分城市的住房需求激增之外，导致这部分城市房价暴涨的原因，还有供给方面的极大紧缺。

土地供应是影响房价的最重要因素

应该怎样遏制高房价呢？经济学的规律告诉我们，当需求旺盛的时候，让价格不上涨的方法只有一条，就是扩大供应。

类似北京、上海、广州、深圳这样的大城市，另外包括各省会城市，还有经济发达的城市，如厦门、苏州、无锡、宁波、青岛、大连等，每年都有大量外地流动人口到来，这是经济和人口发展的必然规律。因为这些城市经济发达，自然就业机会就多。

人口自由迁移，是当今社会人们越来越趋向于自由选择自己生活的一个重要特征，是中国社会的一个进步。但既然迁移进来这么多的人口，这些人口必然都需要有居住的住房，导致这些城市住房的需求必定会极其旺盛。

大家都希望买到房子，哪怕自感没有那么强的经济实力，要求降低一些，至少也希望能够租到好房子，这都是人之常情。

前面已经交代过，根据经济学的规律，当需求旺盛时，要抑制高房价的方法唯有一个，就是扩大住房的供应，而扩大住房供应最关键的一条是必须扩大土地的供应。

唯有如此，才可以随之建造大量住房，产生大量住房供应，才能够从根本上遏制高房价。而积极开建经济适用房、廉租房；抑制投机等，都能起到辅助作用。

而通过收取各种包括房产税、交易营业税等房产方面的税收以抑制投机的政策来降低房价是很难起作用的。实际上，收税让购房者的成本增加，房价怎么可能降低？通过对已经实施过的各项收取税收以抑制房价政策的观察，就会发现它们根本就不能够降低房价。

反而让我们看到，在以抑制房价上涨为名义收取了很多税之后，房价不仅没有降低，反而在进一步地大幅上升。而与此同时，税收却又使购房者增加了压力。

其实，中国的房价如脱缰的野马一个劲地疯涨，这一过程正是自国土资源部门开始制定严格的土地政策，由国土资源部门控制，将土地供应一步步收紧开始的。

这才是中国房价上涨的根本原因。

关于国土资源部门对土地是如何严格控制的，就举一个简单例子可以说明：如今在中国，如果一块土地被划为了“农田”，那么想要将这块土地转为其他用途就需要办很多烦琐的手续。如果不幸再被划为“基本农田”，要转为其他用途那难度可能就跟登天差不多了。所以，大家不要以为城市的周边还有那么多农田，就以为“空地”够用。实际上，假如有关部门不让用，那些地就只能空着，只能用于种地。

要想房价下降，最重要的是必须要有足够的土地供应，使房屋提供单位能够建造出足够多的满足需求的住房。一旦住房供应量增大，房价必然下跌。说一个极端一点的例子，假设北京市的房屋供应面积能够在现在的基础上扩大十倍的话，那么北京的房价绝对可以降低一半以上（当然，这只是极端情况下的例子。实际上，在当前的供地基础上增加两倍至三倍以上的土地供应量，辅以一些其他措施，也完全可以达到以上效果）。

也许有人会说，既然方法这么简单，那么为什么没有人去执行呢？

原因在于耕地无比重要，不能动用耕地！实际上，即便是大量放出土地，增加住房土地的供给，也绝不会出现数量惊人的占用农耕地情况。

因为并非所有地区的房价都高，这样就可以将扩大的土地供给重点放在那些房价畸高的少数城市。而在那些房价并不算高，尚处在较为正常区间的城市，尤其是内陆省份的大量县城，就不需要放出大量土地，只要保持目前正常的供给水平就可以了。

也就是说各个城市的具体土地供给政策需要具体对待，而不该是采用全国统一的模式。目前政府已经在实行“一城一策”的土地供给政策，这是一个显著的进步。

中国大城市的人口密度“最高”

中国的房价高涨主要由于城市的土地供应不足，但国土资源部门却总是强调已经足够了。我们的城市土地供应到底够不够多？往往会陷入“公说公有理，婆说婆有理”式的争论中。

还是用最直观的办法，将我国几座大城市与国外一些大城市比较一下吧，看看我们的人口密度是多少，而国外的人口密度又是多少，这样就可以给我们城市的土地供应情况提供一个标尺，有一个参考的依据。

首先，让我们先看一看此前一直被认为是世界上人口密度最高，而且房价也最为昂贵的日本首都东京。很多人以为东京的人口密度要比我国的北京和上海高——实际上，之前一直还有人用北京等中国城市的人口密度远远小于东京这样的数字来说明中国城市房价高不是因为土地不够造成的。但是，事实是不是这样呢？

东京核心区的 23 个特别区，总覆盖面积大约是 621 平方千米，在 2005 年的一次统计中人口为 845 万，也就是说，人口密度达到了每平方千米约 13063 人。在这一区域里，几乎全部为密集的城市建成区，没有一块农业用地，也几乎没有什么大型占地的工厂，我们可以以此来作为东京最终的、人口最为繁密的主城区人口密度的标准。

那么中国的超大城市又是怎样一种情况呢？让我们看看北京吧。虽然北京的市域面积理论上为 16410 平方千米，看起来非常大，但是，由于实施严格的土地限制，实际上，北京市的绝大部分人口都集中在狭小的五环以内的地方居住。

根据最新透露出来的数字显示，目前北京市的户籍和常住人口合计已经达到了 2200 万人（实际数字很可能要高得多）。我们保守一点估计，就算五环之内人口只达这一数字的 2/3，也就是 1500 万人。

需指出的是，其实北京五环内建成区情况还不如东京，因为在五环内的西部和西南方向还有不少农田，是稀释人口密度的。我们姑且不考虑这点，就把它算做和东京核心区一样，全部算为建成区吧，总面积差不多为750平方千米。如此我们就可以大概推算出北京主城区的实际人口密度，也就是说差不多为每平方千米20000人。

虽然北京的人口密度已经很高了，如再与上海比一比，就是小巫见大巫。根据2016年年初，上海市统计局最新发布的统计公报显示，2015年年末上海市常住人口总数为2415.27万人，相比2014年年末减少10.41万人。有报道指出，这是21世纪以来，上海市常住人口首次出现负增长，降幅为0.4%。不过，很多人认为这一数字可能被低估。因为它根本没有将那些已经在上海常住，但又没有办理暂住证的人口统计在内。倒是有上海朋友形容的“等地铁的时候因为无聊，环顾了下周围发现全是外地人”，这才是符合我们感受的真实情况。就笔者个人的估计，在上海外环以内居住的人口也很可能在1500万～2000万人之间，上海市的外环内面积不过600平方千米。

实际上，我们看到上海的几个市区，即使是被大大低估的官方的统计，黄埔、静安、虹口、闸北这几个城市的核心区，其人口密度也基本全部都在每平方千米3万～5万左右（根据上海2008年政府统计公报统计数据进行的计算，黄浦区、卢湾区、静安区的人口密度分别为每平方千米4.34万、3.41万和3.38万）。这是一组极其庞大的数字，说明了上海的人口密度之高，几乎已快达到了世界之最。

上海比北京的人口密度更高，也间接解释了为什么在那些年，上海的房价比北京还要高涨的一个原因。

东京已经是一个非常著名的人口高度密集的城市了，如果我们的城市比东京还要密集，那么，我们的大都市很可能就是世界上“最为拥挤”的城市。

我们还可以比较一下世界上其他几个著名的大都市，如纽约。其核心的曼哈顿、布朗克斯、布鲁克林、昆斯和里士满5个区，面积达945平方千米，人口827万，人口密度为每平方千米8751人；再如伦敦，其核心城区内面积只有310平方千米，人口约250万，人口密度为每平方千米8065人，等等。

世界上“最拥挤”的城市很可能就在中国。

当然，可能我们国家城市的人口密度还不见得是最高的。因为，还有几座城市人口密度也非常大。如印度的孟买，其人口密度可能与我们的城市相当。另外还有中国香港地区，其实际的人口密度也相当惊人，有数字显示为接近每平方千米3万人——这是香港无论其人均收入达到多么高的水平，其管辖内人民的生活品质都无法获得提高的最重要的制约因素。

我们的城市已经极其拥挤了，而国土资源部门还是不放出足够的土地。那么，我们的生活就只能这样拥挤，我们的住房价格也就无法得以降低了。

既然我们的目标是人均收入要向发达国家看齐，既然想让我国人民的生活品质逐步追赶发达国家，那么，我们就必须要给我们的国民更大的生存和生活的空间。

而这取决于国土资源部门给我们释放出更多的土地。

国内供地数量严重不足

关于土地与房价的关系，2010年2月21日，时任浙江省发展和改革研究所所长、研究员卓勇良先生用他所掌握的资料写了一篇文章《于供地不足看高房价》，由于有非常翔实的数据，让我们更加看清国内土地供应的稀少。

卓勇良在文章中指出，我国在1999至2008年的10年间房地产企业的实际购地量仅为人均一个洗手间。他根据《中国统计年鉴》中披露的土地供给情况的数字得知，在这十年中，全国房地产企业共购置的土地面积为31.3亿平方米，2008年全国城镇人口为6.07亿。按全国城镇人口计算，只有人均5.2平方米。而这一数字中还包括一部分非住宅用地。住宅只占房地产商建造房屋的81.3%。也就是说，1999～2008年，全国房地产企业购置的住宅用地，按城镇人口计算，全国仅为人均4.1平方米。

这么一小块地只能建造一个较小的洗手间。如果容积率为2.0，这10年全国房地产企业用于住宅的土地购置量，可以建造8.2平方米住宅；如果容积率为1.5，只可以建造7.4平方米住宅，甚至还没有三房两厅户型中洗手间的面积大。

卓勇良还观察到，中国在2004至2008年土地购置量基本没有增长。

2004年是全国房地产企业土地购置的一个高峰年，达到了3.98亿平方米。这一数据比2003年增长了11.4%。不过从2003年至2008年，全国房地产企业土地购置量基本保持不变，在4亿平方米上下徘徊，特别是2005年和2006年出现了较大幅度的下降。而在那两年里，恰恰是房价大涨的年头。也就是显示出供给明显没有跟着需求走，违反了市场的规则。

一方面是在2004至2008年间，全国商品住宅平均单价年均上涨8.2%；另一方面是房地产企业土地购置量在下降，2004至2008年，全国房地产企业土地购置量，年均为负增长0.3%，其中2005年比2004年下降3.8%，2006年比2005年下降4.4%。

由此可知，2009年全国房地产大涨，虽然具有投资、投机等复杂因素，但与2005至2008年土地购置量较少应该是有直接联系的。而房地产企业土地购置较少，主要应是地方政府控制土地一级市场所致。如2008年房地产市场低迷，地方政府一方面不愿意降低拍卖底价，另一方面推出的土地较少，这就导致市场成交土地大幅减少，并进一步导致后续商品房供给减少，终致2009年房价大涨。

需指出的是，卓勇良所列举的各项数据还都是全国各地方统加的数字，既包括房屋和土地供应相对较为充足的地区，也包括房屋土地供应紧张的地区。

实际上，正如前面所指出的，中国各个地方的土地供应情况极不均匀，一部分房价畸高的城市最缺乏土地。相比之下，另有众多城市的土地供应并不缺乏。

即使卓勇良先生的这些数据里面包含了房屋土地供应较为充足的地

区，可以摊薄数据，我们还是能从这一个个数据中看出，自 1999 年以来，土地供应是多么的严重短缺——由此也完全可以明白，在那些土地供应紧张的地区，短缺达到了多么严重的程度。

实际上，根据卓勇良先生提供的数据显示，在房价高涨的地区土地供应量的确更加稀少。如全国房价上涨前三名的北京、上海和浙江，近五年房地产企业土地购置量更是大幅下降。三地这一期间房地产企业年均土地购置量只有高峰年的 1/3，浙江只有高峰年的 1/2。

北京房地产企业土地购置高峰是 2002 年，为 2092 万平方米。2005 至 2008 年，北京房地产企业年均土地购置量仅为 2002 年的 1/3；上海房地产企业土地购置高峰是 2003 年，为 1469 万平方米，2005 至 2008 年，年均土地购置也只有 2003 年的 1/3；浙江土地购置高峰是 2002 年，为 3639 万平方米，2005 至 2008 年，年均土地购置只有 2002 年的 1/2。

而北京、上海和浙江的城镇人均土地购置量均大大低于其经济发展水平。1999 至 2008 年累计，按城镇人口计算，北京房地产企业土地购置仅人均 6.8 平方米，仅是全国平均的 1.3 倍，而北京人均 GDP 则是全国的 2.8 倍，上海和浙江的情况与北京相似。

土地供应不足或许是大城市堵车问题的原因之一

类似北京、上海这样的超级大都市所呈现出来的，除了房屋昂贵之外，还有一个特征就是极度的拥挤，经常塞车。这都是城市人口密度过高，土地供应过分紧张造成的恶果。

如今人们可以看到大量北京大堵车的照片，当看到双向十个车道的宽阔马路上，车子一辆接着一辆密密麻麻地堵在一起，那样的场景既壮观，又足以令人感到绝望。北京是不是世界上最堵车的城市，笔者不知道，但是北京堵车绝对是非常严重了。

原因是什么？首要原因，是汽车增多了。

这很正常。中国人的收入提高了，生活变好了，而显示生活质量提高的一个很重要的标志就是购买汽车，这样才是享受生活。汽车延伸了人们的生活半径，扩大了人们的生活范围，节省了时间，提高办事效率，丰富了人们的生活。

有了汽车，从此，出行可以变得无拘无束，人们的生活方式、生活观念和生活质量都因汽车而发生改变。因为有汽车，很多人对时间的概念不再局限于公共交通的时刻表，对距离的概念也就不再局限于“几站地”。汽车因此就让人拥有了某种自由，人们购买了汽车相当于换了一种生活。汽车提高了人们的生活水平，汽车还可以给人们带来乐趣，开着汽车去兜风，享受速度给人们带来的快感。

因为有了汽车，也极大地扩张了城市的发展空间，从此生活在较远的郊区不再是一件不可接受的事情了。人们可以更放心、更自由地在郊区购买房子，而不必太担心出行的问题。

买汽车还增加了我们国家的消费，是我们国家内需经济的重要组成部分，从这一角度来说，汽车消费似乎还应该鼓励。汽车产业的带动性也特别强，可以说是一项龙头产业。过去，人们在谈及消费的时候，总爱说汽车对上游市场拉动多少，对下游市场的贡献度有多大。包括汽车的消耗品，汽油、润滑油等市场都能提升起来；有汽车因此也衍生出了众多为汽车服务的部门，车险、洗车、修车、保养、加油站等都成了一个个独立的行业；因为汽车的需求，还带动了钢铁、铝材、橡胶，还有各种汽车零件工业的极大繁荣。

人们买车原来可以有这么多好处。所以，只要我们能够消费得起，为什么不让我们生活的质量得到提高呢？实际上，汽车对于我们来说已经不再是可望而不可即了，即使暂时没有那么多现金，也有许多汽车厂商开办了按揭的车贷服务，只需交上 2 万元的首付就能将车子开走，这使近年来汽车以更加迅猛的速度开始进入到寻常的百姓家庭。

汽车多不应该是被谴责的，而是很正常，甚至是我们的生活水平提高必经的一个过程。据国家统计局公布的经济数据显示，2015 年，全年国内生产总值（GDP）达 67.67 万亿元，在世界排名第二，仅次于美国。人均 GDP 为 5.2 万元，约合 8016 美元，已成功跨过中等偏高收入门槛，正式进入中等偏高收入国家行列。这种收入水平正是汽车加快进入寻常百姓家庭普及的过程。这是不可改变的，即使限制购车也很难真正限制得住。

但是，伴随车辆的增多，堵车却成为很多大城市的梦魇。这说正常也正常，说不正常也真不正常。正常在中国的汽车保有量最近几年一直在急速增长。世界上，以如此速度增加如此巨量的汽车总数的国家几乎没有先例。因此，我们的确会遇到一些问题。

不正常在于，其实我们拥有汽车的绝对量还不太高，比如，美国的汽车数量比我们国家还要多，可是似乎也没有堵得这么厉害。

那么，我们国家堵车根本的原因在哪？难道是因为我们的城市面积太小？土地太少？空间过少？原因在于我们在单位土地上，有比其他国家更多的汽车！

以往，我们在谈到国内的大城市之所以堵车的时候，总会强调说是由于城市管理不善，道路设置不合理以及很多司机素质偏低等原因。

城市管理不善，交警并没有起到很好的疏通交通的作用；道路设置不合理，虽然有很多宽阔的马路，但是单位土地上的道路密度低，只有大量的主干道，而缺少四通八达的小马路；司机素质偏低，明明某些道路不用那么堵，但是很多司机抢道，面对难走的窄路，谁也不让谁，结果最终堵成了一个疙瘩——谁也没法走了。

这些确实都是堵车显见的原因之一。但是，笔者认为，让我们城市堵车更主要的原因，还是土地不够，城市人口以及城市车辆密度过高。如果不改变这一点，不增加土地的供给量，那就永远都是在“螺蛳壳里做道场”，无论怎么变都无法从根本上解决问题。但这一条以往却经常被人忽略，也导致要求扩大土地供应的呼声总是显得不够响亮。

以北京为例，其实为了舒缓交通，相关部门几乎已经做到极致。包括各个交通路口的设置，车辆的行驶方法等等，就司机遵守法规的程度而言，总体来说还让人满意，但这仍然无法解决北京交通的堵塞。

当然，关于堵车和土地情况的关系，最好还是有一些数据说明，比如北京与东京、纽约等城市，单位城区面积下城市汽车保有量的比较，以及单位城区面积下城市汽车行驶量的比较，这样会更有说服力一些。但遗憾的是笔者没有找到具体相关的数据。

不过可能在城市土地和密度方面我们已经找到答案了——在前面笔者有一篇文章分析过，中国的城市与国外著名的大城市相比属于密度最高的，同样是大都市，纽约城市人口要比北京和上海少得多，但城市建成区面积却又要比北京、上海大得多。

显然，出现这样的情况，同样是由于我们的土地政策太过苛刻造成的，尤其是对待大城市！要解决这个问题，还是要大大增加土地的供给。

配套措施十分重要

在前文中，笔者集中阐述了过分严格的土地政策才是我们国家房价上涨的最大原因。解决这些问题，唯有扩大土地的供应，至少让土地可以满足人们住房的需要、城市建设的需要。不过，仅有高供应的土地就足够吗？

也不是。

扩大土地供应，必然会带来未来的郊区化居住时代来临，这就需要大大提高城市的基础设施，至少让道路畅通，让人来去无阻碍。因此就需要更多的快速道路，并且让公共交通可以更多地连通起来；另外还要大力修建轨道交通。如果有轨道交通，通常距离远一些也不会感觉特别不方便。因为列车在铁轨上运行速度相当快，会大大降低因为郊区化而带来的生活、工作、走动等距离远的弊端。

另外，这些公共服务机构还应当建立起面对质询的机制，以防止随意浪费公众的资金。当然，这是另一个话题，在这里不多赘述。

供地方式应当改良

在房价上涨的过程中，由于房价恐慌、成交恐慌、贷款恐慌等原因，在2009年的北京住房市场上甚至出现了一个专有名词：“恐慌性需求”。据美联物业的研究员张大伟称，这部分需求在2009年11月及12月的市场成交高峰中占到了整个需求的30%左右。甚至“很多人不问价格、地段，只为了购房而购房”。

为什么会产生“恐慌性”的需求呢？根本原因在于人们相信房价还会继续上涨，既然未来还会涨，那么理性的人当然要趁还未涨到更高的时候出手购买。这里既有购房自用的，也有投机性的、等房价上涨后牟利的。

要想解除这种恐慌性和投机性的购买需求，最根本的一点还是必须要扭转房价一直向上的趋势，让当今许多人迷信房价上升不跌的形势得以改变。

进一步加大土地的供应力度，让土地变得不再稀缺，是改变地价和房价走向最关键的一个举措。

就实际的供地举措而言，从效果来说，一次性或者连续多次的大规模供地要比目前这种“挤牙膏式”的断断续续供地要好。断断续续的供地，总是等待上一次供应的土地消化之后，再放新的土地，就让许多开发商总是处在无地而焦灼的状态中，因此他们必定会想尽一切办法购地，哪怕付出的价格高——对他们来说，如果在购地时价格确实有些高，无非就是先囤地等待。虽然有各种强制开发的措施，包括还有类似两年不开发土地就收回的举措，但开发商总有一些办法去拖延。比如，将施工进度拖慢，将开发过程分为数期——只要施工了，人们很难判定他是否尽了全力，而这完全取决于开发商。

实际上，总是让开发商处于无地而焦灼的状态是因为各地不断爆发出高价地王。而一次或多次大规模的供地足以扭转土地稀缺的形势，当大规模的供地之后，土地价格必然会下降（如果不下降，那就说明供地还是不足，必须进一步放出更多土地）。在供给充足的条件下，价格必然会降低的，这是最基本的经济规律——开发商拥有的资源也是有限度的，在资金有限的情况下，供给多，地价当然要下降。而一旦土地价格和房产价格开始下降，并且人们预期未来还将会进一步下降的时候，那么即使那些开发商拿地的价格有点高，也一定会争先恐后放出土地和房屋。因为只有这样，才能让他们避免更大损失。如此一来，土地和房价都会进一步降低。也就是说，目前这种已经形成天价的房屋和土地价格就将会得到自然的平抑。

这方面其实有现成的例子。

广州是一座经历过房价大起大落的城市，探讨它当初是怎样将房价降低，对我们绝大多数城市都非常有借鉴意义——如果连广州这样的大城市都可以将房价降低，那么其他的城市为什么不能呢？

广州自 20 世纪 90 年代末期开始，在 2002 年期间，将城市的房价跌到了一个让大多数市民都感到比较满意的水平。

之所以能取得这样的成就，很大程度上是因为郊外的华南和广园东等板块的崛起。

而这些房产板块的产生是有特殊原因的，以华南板块为例。

在 1990 年到 2000 年年初，华南板块所属的番禺当时虽然已经成为广州的一个区，但其治理方式仍然保留很多县市一级的自主权，而当时的土地管理部门对县市一级政府在土地上的控制还比较小。

于是当时的番禺政府就以此为契机，以非常低的成本放出了极大规模的建设土地供应。如今我们知道的楼市中的许多地产大鳄，如碧桂园、雅居乐以及金业集团、祈福集团等很多都是在那个时期拿到了一块巨大土地，从而发展起来的。以祈福新村为例，其开发总规模达到了 7500 亩，其他如雅居乐、华南碧桂园等的开发规模也都有数千亩，这使广州的住房供应量在很短的时间里就可以达到一个相当高的水平。

虽然这些楼盘距离广州城区比较远，但是由于土地规模大，成本低，再加上开发商的智慧，楼盘销售火爆。比如，祈福新村等多个楼盘就创造性地推出了屋村巴士的手法，开通楼盘直达市区的巴士，帮助居民解决了出行的问题。结果，由于房价低，楼盘品质好，环境好，房子迅速走红，很多广州的白领都前往那里买房子。供应的扩大，使那一时期广州各个地域的房价都大幅降低了。虽然广州一直以经济发达著称，但在相当长的一段时期里（土地供应量非常大的时候，具体应该是1998～2003年）房价却并不高，比许多经济根本不如其发达的城市都曾低出许多。

由广州的例子可见大规模供地的效果。

关于大规模供地的时机，笔者认为目前开始是最好的。可能有些人担心，这样大规模的供地会不会让中国的土地很快被消耗掉？答案是不会。因为笔者前面说过，大规模供地的地方仅限于那些房价最为高涨的城市，国内其他房价并未疯涨的城市并不需要这样做。

也就是说，这样的供地规模无论怎样扩张，其规模仍然是有限的。因为，大城市建设住房本身就是最集约使用土地的一种方式，比在农村建房要集约得多！

另外，我们还应该认识到，中国的城市化进程并不会一直这样持续下去，在未来的某个时点，中国目前这种大规模的人口迁移和城市化的进程几乎可以肯定会最终中止。到那个时候，中国的土地和住房需求也就会渐渐稳定下来，不会再像如今这样饥渴了，中国的土地和住房的供应也就不必如现今这样多了。

因此，抑制房价的重点在：在土地需求最为饥渴，人口迁移进行得最猛烈的当前应该比未来供应更多的土地，只有这样才能改变房价必然上升的趋势。

总是以“挤牙膏”的方式，断断续续地供地，解除不了目前房屋和土地需求的饥渴，这是让土地和房屋价格越来越高的一个最重要原因。

第九章

1998—2003年：广州抑制房价上涨与土地供应密切相关

从1998年到2003年，当全国各地的大城市形成房价上涨的潮流时，广州却成为当时一个特例。广州在那段时间里，房价未有特别大的变动，甚至还曾连续多年下跌。因此，当人们在评论那几年疯狂上涨的房价时，总不忘强调，广州提供了一个不同的范本。

以往，人们谈到为什么广州的房价在那些年里表现得如此平缓时，多是以“广州的房地产比较成熟、理性”的话一句带过。

但是事实是怎样的呢？这一章将20世纪末广州房价的形成及曾经的走势过程进行一个全程的还原，借以探讨到底是什么原因让广州的房价如此“成熟而理性”，未出现大的上涨——详尽的事实说明：巨量的土地和房产供应是广州房价相对平稳的最重要因素。

如果说对一个城市而言，中心城区的土地以及房屋的供应限于客观条件的限制总是比较有限的话，从国内有关地区的经验看，迅速扩大郊区住房供应完全可以起到一个平抑房价的作用。这一点在广州表现得最为突出。从广州的经验来看，大量的郊区低价楼盘的抛出，使本来极高的市区房价也得到了极大的降低。相比之下，杭州的房价高昂，可以认为是其市郊土地供应明显偏少造成的。

洛溪新城的作用

广州的房价是怎样发展起来的呢？

首先，高昂的房价造就的房地产开发的暴利，使房地产成为当时人人趋之若鹜的投资行业，大家争相进入。大量的房地产公司争抢着在市区狭小的范围内找地，但供应量的微弱，造成普遍的拿地困难。

但是，不久之后，许多房地产商便发现了另一条途径：不用都集中在中心城区范围，完全可以在广州近郊的几个区县拿地，如番禺、花都、增城，甚至周边的南海、顺德都可以以很低的成本拿到巨幅土地。原因在于这些地方当时还都是早期的县市管理的模式，县市一级政府有很大的自主权，土地管理政策相当宽松，而土地资源又极其丰富——那时对耕地改为建设用地并没有多大的限制。

1988 年一件事情大大影响到了广州的房产市场——南珠江上的洛溪大桥通车了，直线连接了番禺与广州两地。1989 年 5 月，番禺洛溪新城地产有限公司组建，开发洛溪大桥南的沙岛。

洛溪新城位于当时的番禺市（2000 年，番禺撤市改区）最北部，就在洛溪大桥南边的桥脚，是当时的番禺市距离广州主城区最近的一块地块。洛溪新城总占地约 3000 亩，即使放到今天都可称得上庞大，属于霍英东投资修建洛溪大桥的补偿用地，因此地价相当便宜。在开发初期，洛溪新城的销售并不成功。当然这很大程度上由于广州人传统的住房观念与那时的上海相仿，当时的广州人也是“宁要河北一张床，不要河南一间房”——甚至珠江南的海珠区都不受青睐，何况还要再横跨到更南面的南珠江的南面了。

但是，随着时间的推移，洛溪新城还是逐渐为人所认可了。主要还是由于它的价格，最初售价还不到 2000 元/米^2，在当时算得上是非常便宜了。并且，虽然洛溪新城是离城区较远的郊区，但是，当时广州人道修通，再加上有洛溪大桥，即使乘公交车前往广州的新中心天河一带也只需半个小时左右就可到达了。

当时，洛溪新城主要由普通多层住宅及少量别墅组成，因价格低，管理费低，吸引了不少广州的工薪阶层和外地来广州做生意的人置业。

除洛溪新城之外，在洛溪位置，另一个重要的楼盘是丽江花园也开盘了。由香港粤海投资和番地联联合于 1991 年开发。丽江花园的开发商十分有经验，一开始就展开与洛溪新城错位进行竞争的态势。丽江花园原位置为一片池塘水田，但建设规划非常成功，配套完善；楼盘内环境精雕细琢，建筑风格多样，而且在小区中进行了大量的园林绿化，并积极发展社区文化的建设。

经过数年的苦心经营，丽江花园已成为广州著名、并享有极高口碑的一个小区楼盘，吸引了大量广州白领阶层入住，并被称之为“丽江文化”。

起初购房者和炒房者来到洛溪只是看中了其房价便宜，但居住之后，人们很快便发现其相对老城区的巨大优点：建筑容积率低，因此住房相当宽松，环境更是优美。当时广州市老城区的人口密度非常高，比现今的城中村也好不了多少，每平方千米的人口密度差不多要达到 4 万到 5 万人。

老城区肮脏破败的环境，因高密度而显得特别拥挤的小区，环境污染、空气质量恶化，这些缺陷在对比中一并显现了出来。人们普遍渴望能够找到一个美丽、宁静、环境质量高的居住之所，而洛溪一带的楼盘让很多人眼前一亮。

这些优势很快便吸引了广州的中高收入阶层，尤其是新兴的白领一族，到郊区居住当时成为一种风尚。与此同时，人们在老城区购房的意愿大减。随着需求的降低，广州老城区的房价也慢慢跌落下来。

以上数据足以说明。20 世纪 90 年代中期，广州河北一带老城区的房价都在 7000 ～ 8000 元/米^2。据广州房地产协会会长陈敦林透露，在 20 世纪广州房价最高的时候是 1993 年，住宅均价超过了 7400 元/米^2，但是到 2003 年，老城区黄沙一带的房价已跌到 4000 元/米^2 还乏人问津。同样是在 20 世纪 90 年代中期，中信广场的周边天河北一带刚刚开发，并成为广州的头号旺地，早先其楼盘价格通常都在 8000 ～ 9000 元/米^2，但到 1999 年，同地段的芳草园最低已将价格降到 4000 元/米^2。

而同样是在 1999 年，广州楼市总共 400 多万平方米的预售量，洛溪桥南一带就占了近 60 万。

华南板块的兴起

洛溪新城、丽江花园等郊外楼盘的成功大大刺激了房地产商的神经。人们纷纷将目光盯上了番禺。这时，又一件影响重大的事件发生了——1999 年 9 月，华南快速干线一期通车，更加方便了番禺与广州市区之间的交通来往。蜂拥而至的开发商很快将紧邻华南干线的南村镇所拥有的 2 万多亩的空地（很多是农业用地，如果放在今天基本属于很难征用的土地）瓜分完毕。当时番禺还没划入城区，还叫番禺市，其土地的管理相当宽松，土地供应量大，而且拿地的成本很低。

当时番禺一带的地价是 120 元/米^2，折合每亩约 8 万元，个别楼盘拿的价钱甚至更便宜，90 元/米^2，折合每亩仅为 6 万元。地价便宜，而且供应充足，使几乎每一个拿地项目的规模都超过了千亩。包括祈福新村 7500 亩，雅居乐 4500 亩，其他还有广地花园、华南碧桂园、南国奥林匹克、合生创展、星河湾、锦绣香江等。基本每一个楼盘的面积都赶得上一个城镇的大小，这就不仅仅像是在建设一个居住小区，更多像是在造一个城市——这也就是当时在国内名噪一时的开发商“造镇”的炒作。

于是，当时被人们广泛鼓吹、曾红极一时的所谓“大盘”的时代到来了。这是一种全新的开发模式，几乎称得上空前绝后。在那之前，上海万科城市花园占地只有 500 亩就已经被认为是巨大楼盘了，而华南板块个个都是数千亩的大盘，如此巨大的面积在全国其他地区都从来没有出现过。

星河湾在2001年4月底开盘，只在短短8个月的时间里，总成交量就达到14.88万平方米，销售额达到6.7亿元，位列广州十大楼盘销售总额的第二名，而祈福新村更是已经连续数年在这个排名榜上占据第一的位置了。自2001～2005年，在广州的楼盘销售排行榜前10名中，来自华南板块的楼盘一般都要占3～4席，最多的一次居然占到6个席位。华南板块的成功也引起了全国各地开发商蜂拥而至的参观学习潮，各大楼盘接待的外地开发商均数以百计。一时间，“中国地产的样板田”“中国房地产业的一面旗帜”等一顶顶高帽戴到了广州地产的头上，受到了全国各地开发商的热烈追捧。

在华南板块成功的背景下，大盘开发的模式一下子在全国名声鹊起，许多人都来广州学习这种大盘开发的模式。但是，很明显，他们都不太成功。原因在于，在大多数热门的大城市那里，再也无法拿到如此巨量的土地了。

因为到2002年后，国家相关部门便收紧了土地管理和土地供应的绳索。

除了价格便宜之外，华南板块之所以能够成功，还与其创造性地推出了屋村巴士的做法有关。作为距离主城区有20分钟高速车程的郊区楼盘，华南板块一个天然的劣势就是交通。虽然也可以买车，但在当时买车人毕竟还是少数。而屋村巴士高速直达来往于社区与主城区中心各重要商业网点，而且大多数发车频度也都还叫人满意，这样就解决了业主出行与归家的不便，使居住的便利性大增。

这些举措使广州的购房者们很快便接受了这类郊区房产项目。

如今的房地产开发都分一级开发和二级开发，将土地分为未整理前的“生地”和整理后的“熟地”。但是，那个时候的华南板块却不是这样。当时的番禺区政府财力还相当弱小，所以制定的政策是土地转让可以，但是一些基础的建设，如供电、供水、排污等，以及一些社会公共的如商业、文化、生活等方面配套设施建设都不由政府帮助建成，也就是说如今的一、二级开发在当时基本都必须由开发商自己完成。

最初华南板块所处地方几乎是一片荒山野岭，所有这些建设都需要开发商独立完成，这使楼盘在开发中都采取一种“小而全”的封闭方式。楼盘办学校、办医院、办会所，俨然在经营一个个“小社会”。

在总占地 7500 亩的祈福新村，无论是超市还是菜市场，还有学校，相关的城市配套基本全都有；它还建有两个污水处理厂，并投入 10 亿元建设了一家医院。还有屋村巴士四通八达，仅祈福新村楼盘本身就为当地居民提供了 7000 多个就业岗位。

由于拿地便宜，为吸引人购买居住，几乎所有开发商都将大量工本用在了小区楼盘内的建筑设计上。具体来说，几乎每一个楼盘都拥有数量较大且集中的绿化，并且设计师精心雕琢，使之呈现出丰富的景观，营造安宁的社区环境；另外很多楼盘都配置室内游泳馆、网球场，有的甚至设置了室外攀岩场和高尔夫训练场；在建筑外观和质量上，也都精益求精，注重新设计、新工艺、新材料、新结构的应用。

大量楼盘供应的终结

实际上，当时广州的楼盘供应不仅仅集中在洛溪和华南板块。同期，在广州老城区的四周，特别是南面，东面，海珠、珠江新城以及向东一直到东圃一带都有大量楼盘在建。当时在广州房地产行业有著名的“地产五虎”，在这“五虎”当中，参与大规模开发洛溪和华南板块的仅有雅居乐、碧桂园、合生创展三家（合生创展也没将开发主力放在华南，而是放在广州东部的骏景花园等地区）。其他两家恒大地产和富力都没有参与过这两大板块，而主要将力量集中在广州其他地区。由此可见当时广州的土地和住房供应是多么的丰沛。

除此之外，比华南板块稍晚一些时间，属于增城区管辖范围内的广园东板块又异军突起了。其土地开发和储备规模据称比华南板块还要大，总开发面积达到了近 4 万亩，同时开启大盘开发的模式。

可以说，正是因为这样一些大量供应的郊区楼盘的出现，在一段时间内大大抑制了广州房价的上涨，使在很长一段时间内，广州的住房都被认为是国内性价比最高的。

当然，虽然一度广州的房价得到很大抑制，但这显然并非政府有意为之的结果，而更像是一次在政府未干预情况下的无心插柳，特别是没有在供应方面进行限制。

主要原因是，当时的农业用地使用还未受到太大限制，而当时那些不受广州市政府严格控制的下属区县又都有权力在短时间放出巨量土地，这是最关键的。

但是在后期，广州的郊区区县不再拥有如此大的自主权，一并受到广州市政府严格控制。并且中央的国土资源部门开始严格控制农地的审批之后，广州各地方再也无法放出同样巨量土地了。与此同时，广州的房价也随之开始急速上涨。

基本上，广州的房价就是自土地受到严格限制后的 2004 年开始加速上涨，到 2007 年年底，所有房价基本都上涨了一倍左右，并且，曾经在广州一度消失的万元楼盘重新变得俯首即是了。然后在 2007 年年底，为了平抑房价，政府宣布扩大土地的供应，使广州的房价在短期内又出现了极大的下挫；再后来金融危机来临，为保房价，政府宣布限制土地供应，广州的房价便再次急速起飞。

但是，总的来说，由于供应还相对较为充足，广州的房价相对于其他有着同样雄厚购买力的城市而言仍属较低的。

第十章

杭州：房价为何一路上涨

在房价和土地的关系上，广州给我们展示了大量供应土地，从而比较成功地抑制了房价上涨的案例。与此相反的，杭州则一直在为我们提供一个反面案例。

自1998年以来，杭州房地产市场几乎一直都呈现直线上升的趋势，从没有像某些人预言的那样会在“五年周期”后衰退，涨幅已经连续多年居全国前列。到2010年，杭州的房价已经是极其昂贵了，只要是在中心城区，其房价基本都已达到40000元/米^{2}以上，即使远郊区的下沙一带，房价也已升到20000元/米^2。这样的价格水平甚至超过了北京和上海，并且是全国除了上海、北京、深圳这三大特殊城市之外房价最高的城市，更在全国同类的省会城市中房价处于遥遥领先的地位。

那么，杭州的房价是如何涨上去的呢？

率先成立土地储备中心

要说杭州的房地产起步以及房价开始上涨的时间，还要从 1997 年下半年杭州成立土地储备中心（以下简称“中心”）说起。杭州是国内最早成立土地储备中心的城市。自中心成立之后，到 1999 年，杭州全市的土地供应就全都由中心统一垄断了，俗称“进笼子”。进了“笼子”的土地由中心统一收购，将所谓“生地”处理成“熟地”，然后再进行公开招投标或挂牌拍卖，禁止一切协议出让行为。并且规定，以前留下来的但还未签合同的协议转让项目也要重新进行评估，如果价格低的必须补足地价。

杭州是全国率先推行这项政策的城市，它使杭州在全国土地协议出让“大限”前的好几年，就已断绝了经营性土地的协议出让。这一举措最主要的影响是从此禁止了其他单位的土地出让。后来，在 2001 年 11 月，杭州的这一做法又被国土资源部确定为全国国有土地资本运营的试点城市，很快被当作经验推广到全国，开始在全国统一实施了。

事实证明，这是非常关键的一项政策，导致了杭州的房价在国内率先开始暴涨，并长期领涨全国。对这一政策的推广学习，也让后来的很多国内城市都重蹈了杭州的覆辙。

当初杭州之所以组建土地储备中心，主要的想法是为国企改革服务。因为那个时期有相当部分的杭州国企迁出了城区，杭州市政府认为最好成立一个专门善后的部门统一办理这些国企撤离后的后续事宜。成立中心后，国企撤离留下的土地，就可以交给土地储备中心统一经营转让了。除工厂之外，还有部分大专院校也从老城区撤离了出来，如浙江商业职业技术学院、中国计量学院、浙江丝绸工学院等，这些院校撤离后留下的土地也都全部交给了土地储备中心。

这一政策对房价最大的影响就是，由于储备中心将所有土地统一垄断，结果就大大限制了土地的出让供应。

杭州建房所需土地本不至于那么紧张，虽然和大多数城市一样，老城区内的可建房空地也非常少，主要以旧城改造和居民拆迁用地及上述工厂、院校撤离留用地为主。但是，在杭州老城区的外围，其实有很多平原，土地面积颇大。

比较有利的一点还有，杭州并不是一个非常大的城市，根据杭州市统计局发布的消息得知，2008 年年末，杭州市常住人口达到 796.6 万人，当年杭州户籍人口为 677.64 万，其中居住在城镇的人口为 552.36 万人，占常住人口 69.34%，而居住在主城区的常住人口仅有 300 万。

无论从哪个方面的数据来看，这样的人口规模都要比北京、上海，甚至比广州要少很多。从杭州市郊那些还没有成为城市建成区的空旷土地出发，驾车前往杭州市区中心一般都不会超过一个小时。

就如笔者前面所分析的，假如是北京、上海那样的超级大都市，如果竭力扩大城区地盘，大量在郊区建设住房，很可能会让城市变得太大，变得很不方便，有很大弊端。但杭州并不是这样，杭州的城区面积不大，人口也不算太多，即便是扩大了城区地盘，也不会形成如北京、上海那样庞大、拥挤的情况。

这也就意味着，其实杭州完全可以像广州那样，利用郊区土地和房屋的大量上市而平抑土地价格和房价的，因为杭州的城市规模远小于广州，要达到这样的目标应当比广州更容易才对。

实际上，这样的事情还真的差点发生过。杭州的郊区，主要是萧山和余杭两区，以前都是县级市，2001 年后杭州行政区划改革，才将这两个原先的县级市划为杭州市的下属区。

政府紧急“纠错”

在建区之初，如曾经的广州番禺一样，两区都还拥有着不受杭州土地储备制度限制的独立的批地权。其中，原余杭市（2001 年改为余杭区）在 1999 年到 2002 年期间，把与杭州市区接壤的三万六千亩土地陆续以低价协议出让给了开发商。如果顺利，这本是一次可以创造出类似广东碧桂园和祈福集团那样的超大地产集团的机会。

但是很不幸，此事却被一名记者捅了出来。在调查采访之后，这名记者公开报道了这一“圈地”的问题。报道立即引起中央和浙江省、杭州市各级政府的高度重视。余杭区委区政府马上做出“纠错”的决定，退还了 27 家房地产商缴纳的 5 亿多元土地出让金，收回了其中的 85 宗经营性用地。同时还对已经经省批准农用地转为建设用地，但在 2002 年年底前还未真正供地的项目，一律停止供地，取消了项目。

毫无疑问，假如余杭这片土地真的供应了出去，必将会极大地缓解杭州市土地饥渴的情况，但最终这些土地却遭到了收回，导致杭州的建设土地变得更加紧缺，而且情况还一直延续了下来。

第十一章

温州房价的跌落之旅

杭州为抑制房价提供了一个反面事例。另外我们还可以看一下温州的情况。大家知道，温州的房价曾经也是极其昂贵，一般商品房出售的价格都要数万元每平方米。许多人认为造成这种现象的原因是温州人有钱，因而房价被炒作起来。

不可否认的确有这方面的原因。但是，更重要的还是相比同类城市，温州的房屋和土地供应量也实在太稀缺了。

暴跌意义巨大

温州，作为国内“炒房团”的大本营，曾经是国内房价上涨最快的城市之一。但自从2011年之后，在全国70多个大中城市房价依旧普涨的情况下，温州却单城滑落。温州房价曾创造了连续近40个月下降的纪录，一些新建商品房比最高峰时下跌了30%～40%，个别豪宅的房价甚至拦腰斩断。几年间，温州楼市开上“过山车”，经历了一场“大起大落”般跌宕起伏的历程。

对很多人来说，温州房价暴跌带有标志性的意义。

温州房价之所以如此被人关注，是因为温州本来是所谓的“炒房团”的大本营，这里曾经是炒房游资激战的第一站，是最先开始在国内炒房的地区。温州房价之高，也曾经完全可以与北京、上海等一线城市相比。2009年，温州市区新房均价攀升到26703元/米^2，这一水平已直逼上海内环内均价。2010年，温州城区房价更是达到30000元/米^{2}之上的高位，这一价格与北京主城区住房均价不相上下，位居全国房价最高水平。

如此高位的房价，与温州的经济地位和发展后劲并不相符。

温州市是浙江省人口最多的地区，根据《温州市2010年人口普查数据公报》显示，全市常住人口为912.21万人。在全市常住人口中，居住在城镇的人口为602.20万人，占66.02%；居住在乡村的人口为310.01万人，占33.98%。

据温州市公安局统计，截至2008年12月，温州共有暂住人口312万，其中人口来源位于前五的省份分别为贵州省（67万）、重庆市（49万）、江西省（33万）、湖北省（28万）、安徽省（22万）。

特别值得注意的是温州的城市化率已经超过66%。在这个阶段，城市居民已经超过农村居民，对住宅的需求跟30%、40%城市化率的城市不可同日而语。

融资造就“温大胆”

十几年来，正是温州这块弹丸之地——火爆的交易现象书写了地产不倒的神话。其表现出来的火爆程度远远超过北京、上海、杭州等一线城市，在这里不管开发出多少房产，都能卖掉，根本不存在积压问题，而且价格越涨越离谱。

2007～2011年，市区商品房销售均价从9787元/米^2，一路上涨到34674元/米^2，5年涨了2.5倍，最高峰时房子均价高于全国一类城市。

在银行贷款宽松、民间融资便利的市场环境下，温州各路资金纷纷涌入房地产市场。如均价为33000元/米^{2}的鹿城广场二期100多套房子，两天之内销售一空；200套的香缇半岛房源，一大早开盘就来了5000多人，大家就像抢购白菜一样一哄而上；梧田同人欣园大套型期房，转手后加价甚至高达60万～180万元。

温州民间资本充裕，许多华侨将外币兑换为人民币，并用以购置地产。

而且温州开发商、房地产中介机构、一般市民几乎全民皆炒楼。

温州房价更大一轮的暴涨来自于4万亿投资政策刺激之后的2009年上半年。当时也是温州房产最为疯狂时候，房子的价格不是每月涨多少，而是一天一个价格。那时候楼盘的开盘定价，就是比拼开发商的胆量，胆量多大定价就多高。但疯狂的是，无论是什么价格，几乎所有楼盘都不愁卖，甚至到了一房难求的地步。

一些投资人以厂房、住房向银行作抵押贷款去买房，也有的用公司信用贷款去买房；一些极端炒房者，甚至连首付款都是民间借贷来的，且一买就是好几套。在房价高涨的支撑下，这些民间借贷、银行贷款的利息成本，相对炒房所获得的高额利润来说已不足为虑。

大量实体企业才是主力军，它们用企业抵押贷款去买房或造房。据统计，在“2010温州市百强企业”中，40多家制造业企业，无一不涉足房地产开发，包括主业为鞋革、服装等的知名企业。

放贷机构也是炒房的另外一股力量。2003年，温州民间资本达1600亿元，而到了2011年这一数字已飙升至6000亿元。2005年至2011年，一些投资者创办担保、投资、典当行等中介公司，聚集社会闲散资金、实业资本以及银行贷款，然后高息贷给中小企业及投资者。

有人说，温州的房价从3000元/米^{2}涨到6000元/米^2，花了3年时间；从6000元/米^{2}涨到10000元/米^2，花了1年时间；从10000元/米^{2}涨到20000元/米^2，花了半年时间；从20000元/米^{2}涨到30000元/米^2，只花了三四个月时间。

然而，市场疯狂并未停止，温州各区域板块地王频出。2010年11月底，出现楼面价高达37000元/米^{2}的全国地王。

开启第一个暴跌模式的城市

温州房价是自2011年下半年以后开启了暴跌之旅，也是国内第一个开启暴跌模式的城市。

2011年3月，国务院下发《关于进一步做好房地产市场调控工作有关问题的通知》，温州随即出台更为严厉的限购政策：2011年3月14日起，温州市户籍居民家庭及纳税一年以上的非本市户籍居民家庭只能新购买一套商品住房（含二手存量房），规定中指房屋无论买后是否卖掉，都不能再购买房屋。这一限购令比其他城市仅限制本地户籍家庭购买第三套住房更为严格，当时疯狂上涨的温州房市终于停止了它疯狂的脚步。

在史上最严“限购令”下，温州首先是房市成交量暴跌，交易一度陷入冰点。2011年上半年，温州市区新房成交量不到2010年的1/6。与此同时，房价出现了松动，不少楼盘很快就跌破了投资客的买入成本价。

房价暴跌的开端，是刊登在温州媒体上抛售房产的广告多了起来，类似“资金周转急卖”“白菜价出售”“大降价”这样刺眼的文字出现在多家房产中介门店的房源信息上，报纸上甚至连续几个大版面都是售房广告。

新开楼盘价格也开始大幅度降价，很多新开楼盘价格分别低于周边楼盘二手房价。当价格下降后，还是很少成交出现。

进入3月后，温州房价开始了加速大跌，报纸上二手房价格10000元/米^{2}的高层公寓楼盘，已经占了30%～40%，这些价格大跌的二手房依然找不到买家。市场的突然崩盘，牢牢地套住了温州在2009年以后购买房地产的人和投资开发房地产的人。

半年后，温州大多数地区的房价基本降价30%～40%，有新闻媒体报道，温州很多房子，特别是二手住房更是降到50%价格。房地产市场几乎没有买家出现。30000元/米^{2}价格的楼房已经不再出现，而10000～15000元/米^{2}的房子却快速暴增。

位于瓯海大道附近的一个楼盘，2009年开盘时曾以30000元/米^{2}的价格创下了当时温州楼市的房价新高，随后的一年里被爆炒到60000元/米^2，这个价格现在被“腰斩”了。

与此同时，温州土地市场也迅速降温，2010年12月底茶山一地王被回收折价出让，2011年1～3月份，因为出让价大幅调高，共有12宗经营性用地相继流拍，其中个别地块重新挂出后仍然流拍，而温州市区住宅土地零成交的状况一直延续到2011年8月份。

2011年8月25日，温州市委副书记、市长陈金彪在温州市区地产投资推介会上，向全国地产客商发出诚挚邀请。当天，温州推出3220亩土地找“婆家”。在推介会上，10个地产项目被现场认领，双方达成预签约申请意向。

填海致供给量大增

众所周知，温州在中国一直是一座接近于标杆式的城市，温州炒房客一直被视为中国炒房的始作俑者。在相当长一段时间里，温州一直都是整个中国房价最高的城市之一。就在2010年的时候，其住房均价还位列中国高房价的城市前三位。但是就是这样一座城市，却突然出现了房价的暴跌，原因何在呢？

首先是经济的低迷。自2011年以来，民企老板的“跑路”潮便在温州发生。经济低迷造成温州购买力的降低，大量企业经营困难导致了温州本地的高利贷危机。而银行的不良资产增加，房产是其中的重要一部分，也使得抛售房产获取现金的需求增加。这便造成两个后果，一方面抛售房产的供给增加，一方面购买力的降低使得对房产的购买需求减少。

其次，就是温州的新建住房和土地供应量的迅速扩大。

实际上，长期以来，温州市的房价之所以总是格外高，并可以延续十多年的上涨，除了与众所周知的温州人的民间财富多有关之外，更与其土地供应量长期以来一直偏少，导致住房总是处于供不应求状态有很大关系。

导致温州土地供应紧张的原因主要是当地政府土地储备的存量不足。温州的城市土地储备制度是从1999年开始，主要进行对土地的征用、置换、转制和到期土地回收等市场运作。而温州房地产市场土地供应，历年来与杭州一样，都实行“饥饿”政策，造成地价大幅上涨。

据统计，温州市区从1999年至今每年房地产开发投入用地不足600亩，2003年只有580亩土地供应市场。根据有关部门测算，温州市区每年建房实际需要的土地至少要有1800亩，加上一些配套设施建设，至少需要投放土地2200亩才能满足需求。但种种客观原因的限制，却使温州只能长期处在土地供应不足的状态之中。

表2是温州市建设局房地产开发处处长李祥钏提供的近几年温州土地投放数字，从具体数据中看出其供应量是多么的稀缺。

表2　温州土地投放表

年度	土地出让规模（亩）
2003	443 亩
2004	291 亩
2005	350 亩
2006	881 亩
2007	298 亩
2008	370 亩

也就是说，温州在这些年中，每年土地出让的规模也就相当于一些城市比较大型的楼盘的总规模（广州的祈福新村一个楼盘的占地就有7000 亩），相当于盖几十栋楼的面积。

很多温州当地人也认识到这种情况：温州房价涨最主要的原因是，房源供应量不足，供求矛盾导致价格失衡。以瑞安为例，瑞安全市有 110 万人口，2005 年，住宅供应量仅为 64.91 万平方米，共有 4872 套房子；2006 年，住宅供应量减少到 21.25 万平方米，共有 1480 套房子；2007 年更少，住宅供应量只有 10 余万平方米，有 700 多套房子。而开发商为了追求利润，尽快回笼资金，将规划的小套室改为大套室卖，因此，更加激化了供需矛盾。在供求关系严重失衡的情况下，房价上涨是必然的。

相比之下，温州的住房需求非常大。据李祥钏的估算，近几年温州市区平均每年新增 2 万人口，有 1 万对适龄青年新婚，还有 15%～20%的家庭需要改善住房条件，每年市区实际需要投放 1.6 万～1.8 万套住宅，而市区实际每年只能提供 0.9 万套住宅，缺口达一半。

另外，温州当地还有在外的几十万名华侨，他们分布在世界各地，很多人都想着落叶归根，因此不少华侨也都在温州购买房子。

当然，还有温州强大的民资。目前，有近 180 万温州人在全国各地经商办厂，建立了 100 多个商会、240 多个大市场，每年贸易销售 3000 亿元，创办近 2 万家企业，每年创造 1600 多亿元工业产值。而这些民营企业老板很多都愿意在温州买房，也就更加坚强地支撑起了温州高涨的楼市。

据相关部门测算，温州市区每年建房实际需要的土地至少要有 1800 亩，加上一些配套设施建设，至少需要投放土地 2200 亩才能满足需求。

长期土地供应不足的状态直到 2010 年才得以扭转，当年温州市政府为了抑制房价过快上涨，推出了史上最大规模的推地行动，当年供地 1500 亩。

2012 年 8 月 25 日，温州召开了有史以来规模最大的一次土地出让会，共拿出 52 宗，3220 亩地进行土地招商。这些土地相当于整个温州十年的土地供给。土地供应的大幅增加，使住房供给不再稀缺，当然拉低了温州的房价。

温州泰和地产联合机构总裁林育表示，2013 年至今，温州市区年度土地供应量维持在 1100 亩至 1500 多亩之间，这几乎是 2011 年之前年供应量的好几倍。

自 2011 年下半年温州的房价开启暴跌之旅后，在数年时间里这一下跌趋势都在延续。因为，温州土地供给增加的趋势已经无可改变，其之前饥饿式的缓慢放出土地的供应方式已经一去不复返。

其一，是由于土地储备的增加。据温州市陈金彪市长透露："温州加大拆违力度，淘汰了高耗能低产出的产业，腾出空间吸引投资。"当年，光是历年"转而未供""供而未用"的土地就清理出近 6 万亩。

其二，中国面积最大的围垦项目瓯飞工程在温州已经获得国家审批，即将全面展开建设。据介绍，该项目将分批进行，第一期 13.3 万亩。而温州拥有海域资源 90 万亩，目前计划开发为 20 万亩，资源开发潜力大。假如这些土地能够全部都转化为建设用土地，将彻底扭转长期以来温州建设土地供应不足的局面。

填海围垦项目增加了温州未来的建设土地总量，加上温州地方财政的巨大需求，这两点注定了未来温州必将会继续扩大土地供应，使以往维持温州住房高价的基础彻底扭转。

第十二章

香港楼市泡沫破灭的原因

许多人总喊中国内地的房屋市场有泡沫，说到激动处，还举出香港作为例子。出现类似这样的言论：“不跌则已，跌则崩溃，这是由投机性市场投机性资金的本质特性决定的。这也是香港房地产泡沫破灭后，房价从1999年最高峰开始持续下跌，多年来跌幅累计高达65%的根本原因。历史上这样的例子并不鲜见。”

许多人只是笼统地说香港楼市泡沫破灭，但假如不了解香港楼市泡沫破灭的原因，那也就无法吸取经验和教训。

实际上，香港楼市的价格涨跌，以及经验教训还是有相当借鉴意义的。

让我们回顾一下香港楼市的高涨和在20世纪90年代末的大幅下跌是怎么回事吧。

联合声明的条件

香港房价二十世纪八九十年代的高涨，其实与1984年年底签署的《中英联合声明》有很大关系。在这份联合声明中，有许多附加条款，其中一条专门针对香港的土地供应。因为中国政府认识到，对港英特区政府来说，最宝贵的财富就是它所控制的土地。为了防止港英政府在主权移交之前，将香港的土地卖光，特别是担心其将卖地的收入带走。因此，在这个附加条款中限制了香港每年的土地出让数量。于是，在协议签署到回归的那段时间里，香港的土地供应一直不足。

在需求方面，由于《中英联合声明》的签署，人们对香港的前景抱有更多信心。另外，随着中国内地的改革开放，经济的蓬勃发展，而香港也借助于这种势头，经济出现了极大的繁荣。在大量资金的推动下，楼市、股市便创新高。特别是楼市，一方面供应上有很大缺口，另一方面随着经济的扩展，需求旺盛，价格当然更是步步推升。据统计，香港的整体房价在1994年1月至1997年10月的高峰期间上升了68%。更有说法是香港的房价十年涨了十倍，这也就是后来许多人所说的香港的泡沫经济。

就像如今我们大陆的状况一样，那时候，香港的舆论也开始掀起波澜，纷纷抱怨房价过高，要求政府采取措施，降低房价。当时的港英政府知道多供地是降低房价的办法，但是，由于《中英联合声明》严格限制了土地供应，港英政府对此也无能为力，无法增加供应。

重点在“八万五建屋计划”

1997年，中国政府收回了香港主权。董建华先生正式出任香港首任特别行政区行政长官，香港特区政府拥有了对土地完全的使用处置权。但是，很不巧，也就在那一年，爆发了亚洲金融危机。危机严重冲击了香港的经济，香港楼市也受到严重打击，楼价在1997年10月19日到达最高峰后的一年里下跌了近一半。不过，随着危机消退，经济得以复苏，香港的楼市也开始回升，到1999年已反弹了20%。

但是，就在这个时候，特区政府推出的“八万五建屋计划”的楼盘陆续建成并上市了。

所谓的“八万五建屋计划”，源于港英政府时期就计划推出的一个大型住宅建设计划。因为，直到20世纪80年代末90年代初，还有很多香港人住在临时房屋和中转房中。这些住房条件很差，没有独立的厕所，还有不少人住在笼屋里。

1997年，香港社区组织协会曾组织调查过最低收入者居住笼屋的状况，发现笼屋是一系列社会问题的集中表现。主要是因为香港的房子太贵，普通居民阶层的人可能终其一生的收入也买不起一套住房。而由高房价衍生出的一系列后果，也产生了很多严重的社会问题。

因此，历史上就有多届政府官员提出要解决这些问题。如1973年，港英政府曾制定过一个“十年建屋计划”。当时制定了三大目标：第一，让每个香港家庭均拥有自己的居住单位（大陆俗称的套式住房）；第二，全部单位都应是水、电、厨、厕等设施齐备的独立式单位；第三，每个家庭成员的居住面积不少于3.25平方米。这是20世纪70年代制定的标准，很显然，这些标准现在看来都有些低，但是，在当时却已经是一个了不起的计划了。港英特区政府为实现此计划，还成立了一个“房屋委员会”的机构。

然后到了20世纪90年代，即将结束任期的港英政府为了“光荣撤退”，又准备开始实行大型建屋计划，制定了一个涵盖到2001年的“长远房屋策略”。1997年1月，正值楼市高峰期，在当时港英政府发表了名为《长远房屋策略评议咨询文件》，提出未来十年房屋需求每年将高达80000个。建议以后香港每年需修建90000多套房屋。同时由于计划还要不断拆除旧楼宇，大约每年拆除30000多套旧式房屋，这样每年的净供应量为60000套左右。

但这些很多都受制于《中英联合声明》的土地限制，未能真正付诸实行。到1997年，主权移交，土地供应再也不用受到限制。于是，特区政府行政会议召集人梁振英就向董建华提出建议，推行早已研究过的“八万五建屋计划”。

在董建华1997年10月提出的首份特区政府施政报告中，正式宣布推出这一计划。在港英政府留下来的策略基础上提出了“建屋安民，迈向21世纪的房屋政策”。计划中表示要实现三大目标：每年兴建的公营和私营房屋不少于85000套；10年内让全港70%的家庭可以拥有自置居所；轮候租住公屋的平均时间缩短至3年。

为达成这一目标，相关政府部门宣布已经拥有足够的地皮，只需重新规划和增加密度即可应付建房需求。有人甚至大胆提议把吐露港和城门河填平，并搬走附近的沙田马场，以满足建房的土地要求。

客观来说，这是一项为了应对之前在港英政府治理下，人们对房价过高而提出的指责，并且可以让更多香港人拥有自己的住房，从而提升香港人居生活舒适度的一项雄心勃勃的政策。

但可惜命运不济，一方面推出的时间不合适；另一方面，这项政策的确推出得有些激进。

房价暴跌令负资产阶级不满

为实施这项政策，香港特区政府的主要举措就是大规模供地。仅在1997年，也就是特区政府刚刚成立的当年，香港特区政府便拍卖了19块住宅用地，总面积为24公顷；另外批出7块总面积为16公顷的土地作为居者有其屋计划之用；并且售出3块总面积为5公顷的土地供私人机构参建居屋计划使用。

但是，由于受经济危机的影响，香港的楼市大跌，1998 年 6 月，特区政府决定暂停供地直至 1999 年 4 月为止。1998 年内特区政府共卖了 10 块总面积为 9 公顷的住宅用地；售出 3 块总面积为 8 公顷的土地供私人机构参建居屋计划之用，以及批出 7 块总面积为 15 公顷的土地作为居者有其屋计划之用。

在 1999 年楼市复苏后，政府重新恢复供地，共售出 16 块总面积为 15. 35 公顷的建屋用地及两块总面积为 4. 94 公顷的私人机构参建居屋计划用地；将 8 块总面积为 12. 54 公顷供发展居者有其屋计划、3 块总面积为 14. 74 公顷供发展成可买可租选择计划、6 块总面积为 47. 93 公顷供发展租者置其屋计划的土地批予香港房屋委员会；并将一块面积为 0. 9 公顷供发展住宅发售计划的建屋用地批予香港房屋协会。

这些供地计划量和面积都创了香港的供地纪录。2000 年，首批“八万五建屋计划”中兴建的房屋正式推向了市场，在一年内共有 85710 套住宅建成；其后的 2001 年，又有总共 10 万套住宅推向了市场，这一数字已经大大超过了 85000 套的目标。但是到 2002 年则大幅减少至 67000 套，因为这时社会舆论已开始猛烈抨击这一计划了。

到 1999 年，香港经济本来开始复苏，房价也开始回升。但是，随着“八万五建屋计划”时期所兴建的楼宇陆续落成，市场供应量大幅增加，而与此同时市场的需求却未同步增加。这导致香港的房价再度巨幅下跌。在其后的 3 年多时间里，本已大跌过的房价又下跌了超过 40% 。也就是说，在近 6 年的时间里，香港房价总共下跌了近 70% 。

与如今大陆的情况比较相似，香港市民大多数也都是通过按揭买房的，一般都是首付三成，余下的向银行借款按揭。房地产在香港人的财富中占有重要比例，中产阶层家庭的总资产可能不过几百万元，而房子通常就占了几百万元。但由于房价大幅下跌，使在高峰时期购买房屋的业主，其所购房产价值甚至跌破了银行的借款。也就是说，他所购买的房产不但没有让他的资产增值，反而成了负资产。

楼价的暴跌产生的负资产户数以十万计。2001 年，据香港著名的房产中介机构中原地产的统计数据显示，香港 60 万个负资产家庭的账面损失总额达到了 6000 亿港元。

房价大跌使大部分香港人花了数十年累积起来的账面上的财富化为乌有，居民抱怨声四起，甚至声讨当届特区行政班子，还爆发了超过 50 万人的群体性上街示威游行。

雪上加霜的是，由于金融危机，香港的经济在那几年也落入了低谷。许多人在此期间失业，还有些即使未失业也被大幅减薪，于是很多人便无力支付按揭贷款。当数次欠款之后，银行便会收回房产进行拍卖。悲惨的是这些被收回房产的人不但没有了房产，由于依旧欠钱，所以还必须向银行继续还债。与此同时，由于众多个人不还款，让银行也出现了很多坏账。而像目前大陆这样的，购入多套房产的那些炒房客损失就更为惨重了。

正因为在当时，“八万五建屋计划”遭遇到了如此大的恶评，所以，2002 年特区政府做出重大决定，停建和停售居屋，而原先的建屋计划也取消了。

与此同时，特区政府开始推行另一种卖地政策，即所谓勾地表制度，全名是“土地申请表制度”。特区政府把准备出卖的地置于勾地表中，地产商在表中勾地，向特区政府开价。特区政府原本有心理底价，若地产商出价低于特区政府的心理底价，则特区政府不卖地，勾地失败。如果地产商出价高于特区政府的心理价位，这块地便勾地成功，特区政府便将土地拿出来公开拍卖。

勾地的本意是地产商申请将某块土地拍卖，而不是申请购买某块土地，因此很有可能出现某家公司勾出土地但其他公司拍卖成功的情况。如果一块土地在某一年未被勾到，则下一年通常会继续留在勾地表中。特区政府偶尔也会将勾地表中的土地收回，或是将新土地放进去。

勾地政策的执行导致香港的卖地数量比以前的定期卖地数量少了很多。因为只有地产商申请才可能导致土地拍卖。2008 年只有一块土地被勾出，只够兴建 100 到 200 套住宅，2009 年勾出的土地也很少。而到

2010年的时候，特区政府的勾地表中总共只存有60块土地，其中8块确定为酒店用途，剩下的土地合起来只够兴建10500到11000套住宅。

与此同时，香港特区政府还限制以前推出的居屋进入渠道。直到2007年，特区政府才又推出房屋货尾单位。当年，全香港居屋的可售存量房只有4000多套，也没有新的公屋。私人楼宇在2008年也只有8000多套，是历年新落成私人楼宇最少的一年，而当年的拆迁量有1000多套，也就是说，净供应量只有7000多套，比之前“八万五建屋计划”推行时期的房屋供给量大幅缩减了1/10。而同时，香港住房的需求量却在上升，如2008年香港有40000多个新婚家庭，其中有一半是香港人和大陆人结婚的。假设这些家庭只有一半留在香港，香港的新增家庭也有30000多个，而净增楼宇只有7000多套，由此可见需求和供给的差距。

除此之外，大陆居民也开始在香港购房了。在最近的十多年中，大陆人的财富增长极其快速，这些富裕起来的大陆居民有不少前往香港买楼，导致香港楼市的需求进一步增加。与此同时，供应方面却减少了很多。

到现在，香港的楼市已完全消化了之前“八万五建屋计划”时期推出的大量住房，从而使供给变得更加紧张。正因为有这些原因，近些年香港的楼价开始急速的上升。到2010年的时候，香港的楼价不仅成功回升到危机前的水平，甚至比1997年的房价最高点还要高出很多，再创楼价最高纪录。

如果前些年香港的楼市价格还勉强处于普通香港人可以承受水平的话，那么如今的香港房价已经名副其实达到了天价水平。

更尴尬的是，在房价如此昂贵的情况下，供应还是极其之少，短时期根本无法满足需求。因为，就算特区政府从现在开始重建居屋计划，但因为房地产需要一定的开发周期，也就是说，这些住房即便是现在开始计划，到真正供应到市场，仍然需要少则2至3年，多则4至5年的时间，还是远水难解近渴。

所谓的“香港房价泡沫”崩溃的全过程就是以上所描述的。其中我们可以看到，导致香港房价大跌，楼市“泡沫”破灭的真正原因在于极大地扩张了住房供应的“八万五建屋计划”。但是，当这种超大规模的建房计划停止之后，香港的房价便开始迅猛回升了——曾经的“泡沫”再起。

假如人们不了解这一“房价泡沫”的产生和崩溃以及再次产生的全过程，而只是空喊口号，那么，就完全不懂得这一过程背后的真正原因，也不会有任何正确的借鉴作用。

由香港实例可知，要想提高和降低房价，最重要的举措就是控制土地和住房的供应。

第十三章

中国城市高房价的原因

在中国，凡是房价较低且比较发达的省会级以上城市，都是土地供应量特别大的城市。如重庆和长沙，在相同级别的城市中，房价相比就处于较低的位置，当其他同级别的城市房价都已达到 7000 ～ 8000 元/米^2 的水平时，这两座城市的房价都还处在 5000 ～ 6000 元/米^2 的水平。至今，这两座城市还有大量每平方米不到万元的住房，而这都是因为这两座城市有超出同类城市数倍的土地和住房供应量。

低房价城市土地供应量都大

土地供应和房价有着巨大的关系，正因为有这样的关系，所以在中国凡是房价尚且较低的比较发达的省会级城市，都是土地供应量特别大的城市。如重庆和长沙，在相同级别城市中房价相比就处于较低的位置，当其他同级别城市的房价都已达到7000～8000元/米^{2}的水平时，这两座城市的房价都还处在5000～6000元/米^{2}的水平。

比较一下这两座城市与其他城市的不同，就会发现它们都是土地供应量非常大的城市。

以长沙为例，我们不妨拿长沙与杭州放在一起做比较。总体来说，在改革开放前，长沙与杭州是属于相同级别的城市，无论是城市人口还是规模都非常相似。但改革开放之后，显然，杭州的发展速度和成就已经大大超越长沙了。杭州的经济发展水平要比长沙高，吸纳的外来人口也多，这一切都导致杭州有更大的住房需求。按照这样的事实考虑，杭州的住房供应应该要比长沙高不少才比较合理，而相应的土地供应量应该更高。但事实却是，长沙的土地供应量要远超过杭州。

根据长沙市国土局披露的数字显示，2008年长沙市通过招拍挂出让土地103宗，出让面积548.8公顷（8220亩），成交金额达97.2亿元；协议出让64宗，出让面积54.8公顷，成交额1.53亿元，合计成交额约98.8亿元。此外，2008年，长沙市国土资源管理局组织预审用地项目为457个，面积达3688公顷。与之相比，在很长一段时间里，杭州的住宅土地供应量只是在4000亩的范围内徘徊。

虽然比杭州的土地供应量要多一倍，但看起来这一数字似乎也并不是特别高。《三湘都市报》2009年7月的一篇报道就披露称，长沙房产情况存在的“问题”主要是土地存量过大，众多“小国土局”的存在也搅得长沙楼市抬不起头。被长沙人戏称为“小国土局”的是那些修路的开发商。为了搞好城市基础建设，相关部门拿不出足够的钱修路，于是就给修路的开发商大量土地补偿。长沙大道上万亩，金星大道上万亩，火星大道上万亩，雨花大道两千多亩。这些都是政府补偿给修路开发商的土地。一位不愿透露姓名的长沙房地产开发商扳着指头算给记者听："他们拿的地成本低，自己又不做开发，所以转让的价格往往是跳楼价。"这也导致了长沙众多项目的土地都是从二、三级市场多次转手后才获得。

由于土地供应量特别大，在长沙，分期开发的千亩大盘比比皆是。据合富辉煌数据显示，2010 年年初，长沙待售的超过 500 亩的大盘仍然有 40 多个。这是在很长一段时间内，长沙的房价甚至低于南昌、合肥等城市的一个重要原因。房价低使长沙的住房建设可以更充沛地满足需求。在很长一段时间以来，长沙的住房销售量一直就相当庞大。2010 年 1 ～ 10 月份，长沙的住宅销售套数甚至超过了武汉、成都等一干比其规模要大好多的城市。虽然房价低，但是，由于有如此丰沛、活跃的成交量，各房地产企业也照样可以在长沙赚得盆满钵满。

除长沙外，作为西部重镇，重庆的土地供应量更庞大。据《重庆时报》报道，2010 年从国土资源部那里，重庆分到了全国住房建设用地供应总量 18 万公顷中的 6449.01 公顷，比 2009 年的 5000 公顷计划用地增长了近 20%。作为首都的北京，分到的住房建设用地供应总量也仅有 2500 公顷；而上海更低，只有 1100 公顷；同为直辖市的天津也只是得到了 1740 公顷。也就是说其他 3 个直辖市建设用地供应总量加起来也才 5340 公顷，尚不如重庆一座城市的供应量。如此高的土地供应量，重庆的房价怎么会不低？

当然重庆在土地供应上的确有比其他城市多一些的优势，那就是重庆直辖市的占地非常广大，有大量的后备土地，而且可以统筹使用。通过在一些边远地区进行土地整备，增加的耕地面积，就可以置换出重庆主城区的耕地占用指标。

由以上两座城市的例子可看出，哪怕是需求非常旺盛的城市，只要是大大增加住房的供给，还是能很大程度上降低城市的整体房价。

中国人就是喜欢买房

在中国，房屋需求为什么会如此旺盛？

除了中国人口的重新配置如之前所分析的那样，大量人口必将迁移，必将进城，并倾向于集中居住在较为少量的大城市周围——这样的大趋势之外，应该说还有一个原因，那就是中国人的确喜欢买房。

在笔者的另一本书《了不起的中国人》里边，主要详述了中国人的民族性，分析了很多中国人的性格。其中包括中国人总是非常勤劳，非常能吃苦耐劳，总是比较顺从，工作有积极性、针对性，而且自身在从事工作的时候能动性非常强。另外，中国人都喜欢赚钱，喜欢积累自己的财富。

但怎样积累自己的财富呢，一个重要的途径就是购买住房。

中国人喜欢添置有形的、能够看得见的财产。自古以来，中国人有钱了，首先要做的一件事就是购买土地，成为地主。中国人具有强烈的“恋地”情结，这是受农耕思想浸染太久的缘故，家里若有“良田五百亩”，那可是牛气冲天的事。

到了现代，土地不是那么容易购买了。另外，土地的增值效应并不明显，于是大多数中国人都喜欢买房了。只有购置更多的住房才可以给他们提供安全感。由地延伸到房，似乎天经地义，也就形成了房地产。对房子渴望，本是人类同需，可就现在社会而言，中国老百姓对房子的感情简直是图腾崇拜。

中国人不仅仅喜欢在国内买房，而且还买到国外去了。实际上，在很多国家，只要是有中国人的地方，当地人都惊讶地发现了中国人的买房热情。

为什么中国人喜欢购房呢？人们普遍认为还是中国人的观念在作祟。而这种观念在行事和处事上与其他国家的国民形成显著的对比。以美国人为例，假如是土生土长的美国人，就算有钱，也通常不会多买几套房子，他们中的大多数人根本不会去先买房放着然后等价格上涨，再赚个十几万元甚至几十万元的想法。他们会说，他们很 Enjoy（享受）自己的生活和工作，而且生活已经很舒服了，赚那么多钱都不知道该怎么花了。

许多国家的国民有闲钱宁愿去旅游、去消费，也不愿意拿来炒房子。相比之下，很多中国人却是有钱就想买房子，没钱也想买。之所以产生这样的行事差别，主要是其他国家的国民生活方式和我们国人有很大不同。中国人大都穷怕了，什么事都要做个提前准备，而那些生活富足国家的国民更多追求的则是精神上的满足感。

中国人就是喜欢购买房产，这一点没办法改变。我们不是应该去抑制这种需求，而是要充分满足这种要求。要知道，当人们在真实的现实中认识到房产根本不能保值，而且很可能会贬值的时候，这样的习惯也就会改变。

投资买房很正常

为什么中国的富人都喜欢投资买房呢?

除了前面文章指出的原因之外，还有就是目前大众担心的通货膨胀。为了不让手里的钱贬值，怎么办?买房子吧，特别是手头有几个闲钱的人。买房的目的不是为了迅速获得暴利，而是希望投入到这套房子的钱，其实际购买力在 3 年、5 年、甚至 10 年以后还能维持平稳增长，房地产的投资也是一个中长期持有的策略。

关于这一点，我们还听到很多专家的分析，诸如中国人的投资渠道狭窄，人们要使财产保值、增值，以及对抗通货膨胀的危害，投资房产是被国人较为认可的一个策略。

在财富的使用和增值过程中，不动产投资始终受到人们青睐。对于大多数人来说，拥有 100 平方米左右的房子是一件需要父母和自己东拼西凑，需要积攒多年才能完成的一件大事。陆新之说，在经济发展强劲的地区，对绝大多数普罗大众来说，尽快购买一套住房是必要的。因为这样至少“上了车”，不担心被经济起飞带来的房价飙升抛下。第二套、第三套住房，则是视各人的经济能力而言，绝不主张节衣缩食地去贷款投资炒房。

拥有一套自己的房子，对于大众来说已经成为生活稳定、富足的象征。对于没有房或准备买房的人，陆新之建议，没有买房的情况要区分，是有钱没想清楚不买房，还是暂时没有经济能力买房。前者的话还是要减少观望，有一套房子在手，进退两利。后者的话也不必当作一大负担，现代人租房的很多，心理上适应了就行。准备买房的人，最好买能负担的力所能及的物业。高价物业，保值和增值的潜力都更大。

这些观点都足以说明，人们投资买房的思路并没有错误。谁让现在钱越来越贬值呢？人们总要有点应对之策吧。

虽然很多住房都被一些至少是相对富有的人买去了，但是房价上涨还真的不能怪是他们炒上去的，根本的原因还是房屋不够。

因为，虽然有这么多房子卖出去了，但是我们在大城市看到的情况却依然是，市面上的房子还是不够大家住的。

如前所述，除了少数特别富有的人，绝大多数拥有多套住房的人都不会让房子真正闲置，而是会将房子出租赚钱——如今，在大城市出租房屋的月租金足以让买房人支付掉一半的按揭，凭什么不出租呢？

假如市面上房子真的很多、很丰沛，那么租房市场也一定会很丰沛，很便宜。从而可以让每个在城市中居住生活的人都能住上宽敞、明亮、舒适的住房，就如同现在人们在欧美国家看到的情况那样。

这样的要求并不高。

但是，如今在大城市中情况却完全不是这样。我们看到在所有房价高涨的城市，租房的价格也都相当高企。假如房租不高，人人都能住得起，那么在北京这样的地方，人们也就用不着租住在隔断间里了，甚至还有那么多人合租在一间屋子里；也就不会有那么多人在找寻一些类似地下室、城中村、农民房这样的地方居住了。之所以这样环境比较差的地方还有很大的需求，很多人还必须在这样的地方居住，就已经说明，我们城市的住房供应还远远不足！

也就是说，如果住房真的充足，那么即使不买房子，哪怕租房，也应该人人都能住上好房子。

达不到，就说明住房不够充足。

第十四章

如何解决北京、上海的高房价问题

在中国的住房市场上，北京和上海可以说是两座极其特殊的城市（可能还要包括广州和深圳），这种特殊性表现在一方面都是房价极其高涨，另一方面，这种高涨也的确最难以解决。要解决这两座城市的房价问题，笔者认为，除扩大土地供应之外，还应该进行更多综合的配套政策治理，特别是应该适当疏解北京的人口。

如今，疏解北京人口已经是政府的一项重要措施了，包括搬迁高校，迁走部分央企，限制高校招生等等，而早在2009年，笔者就写出系列文章，主张应限制北京、上海的发展，减少人口流入，搬迁高校和央企、科研院所等等。

之所以有这样的结论，主要是因这几座城市的现状决定，具体请看笔者的进一步解说。

白领没有逃离一线城市

近年来，总是不断有众多媒体推波助澜，渲染所谓的白领正在逃离一线城市，进入到二线城市的报道，很多人信以为真。在这些报道中，无一例外都强调了大城市的高房价造成白领生活水平的下降，因此，白领人群被迫逃离这些一线城市。

真有这样的趋势，甚至已经可以被称之为是一个潮流，白领正在大量逃离北京，以至于需要被媒体关注，并特别报道出来吗？

笔者个人认为这根本不存在。看过那些报道后就知道，其使用的主要材料都是一些非常个体的例子，并没有大量人口迁移的确证。

而在一个开放和多元的社会中，个体的工作和居住地的转移流动，无论往哪个方向都是十分正常的，但却绝不能仅仅凭借一部分个例出现就被当作是一种潮流。但是，我们的一些媒体却恰恰从相当个别的事例中得出白领正在逃离一线城市的结论，并且还说已经形成了一股潮流，这是十分可笑的。

实际上，这种在一线大城市打拼却又离开大城市的例子一直都存在。

让民众生活工作地点发生转移的原因通常不是因为房价，而是工作的机会，以及这些工作机会的收入多寡，这足以让我们判断是否存在白领逃离北京等一线城市的潮流。

如果真的发生白领逃离的事情，那一定是当地的工作机会在减少。但是我们看到，在北京，工作的机会不但没有减少，反而在继续大量增加。比如，国际上的跨国大公司越来越重视中国市场，正在更大地扩张其建立在中国的各分支机构，而这些跨国公司几乎都在北京设有分支机构。于是，有的就从办事处升级为地区分公司；有的从地区分公司升级为中国总部；甚至有的从中国总部升级为亚洲总部等等。在这样的风潮中，每一次升级，几乎都会伴随办公人员数量的扩张（据《路透财经》

报道，截至2009年5月底，共有主要来自日本、美国和欧洲的约120家外国公司在北京设立了亚太区总部）。

可以说，北京的这些白领就业机会仍然在大量增加。在这样的情况下，怎么可能发生白领逃离潮呢？

2010年时的建议：迁出国家大学、科研院所和央企总部

随着雄安新区的建立，北京疏解城区人口的大幕被全面拉开。而首当其冲的，各方面一致证实，将自北京向雄安新区搬迁部分央企总部、部属高校和科研院所。事实上，早在2010年时，笔者就写过文章《降低北京人口的方法：迁出国家大学、科研院所和央企总部》主张自北京搬迁出这些机构，是国内较早提出这一主张的学者。以下便是笔者当时的主张：

降低北京和上海的人口，或者不要让目前这两座城市的人口再上升，如果上升也至少不要上升得那么快，已经成为很多人的共识。

但是，该怎样解决这个问题呢？

如果真想有针对性地解决这一问题，我们就必须先分析一下，每年都有大量的大学毕业生来到北京和上海寻梦，越来越多的外地人涌入这两座巨大城市的原因。

很简单，因为北京和上海的工作机会特别多，而且这些工作往往有比其他城市更高的收入。可以说，只要这样的发展机会一直存在，那就不可能阻止人口的涌入。

要想阻止这种趋势继续发展下去，并且还打算坚持采用市场化手段的话，那就必须想办法削减这些工作的机会，迁出一些不是完全必要的工作岗位。

也就是说，一定要适当地限制北京和上海这两座超级大都市的发展。

首先，这两座城市再也不应当以 GDP 增长作为施政目标了。

如果能够确立这条原则，那么我们也就要确认，这两座城市应该再也不要追求工业方面的发展和投入了。实际上，北京的首都职能，还有上海的经济和金融中心地位就足够其保持庞大的就业人口，足够保持其超级大都市的地位。甚至仅这样还是会涌入更多人口，如果再吸纳更多工业项目岂不是雪上加霜？所以，完全没有必要。

如今，我们看到上海正在上马类似大飞机制造基地这样巨型的工业项目，这是不应该的。实际上，这样的大项目放给其他城市搞难道不成吗？绝对不是。既然这样，为什么还一定要放在上海来做，让上海更加拥挤呢？

除了不该上马新工业之外，为了削减就业人口，我们还应该撤出一些并不足够必要的部门。

以北京为例。如果确实想抑制北京的人口，削减北京的就业机会，办法其实相当简单。具体来说就是由中央政府牵头，迁出某些国家单位，比如由国家投资在北京的诸多部门，包括众多央企的总部、众多科研院所、众多国家所有的大学等。

大量地迁出这些单位，就可以大大减少北京的工作机会，也就从根本上拧住了北京人口涌入的源头，北京的人口就完全可以得到相当程度的降低。

降低北京和上海的人口增长

之所以提出以上主张，是由于我国经济发达地区，特别是大城市的房价总是居高不下，不断涌入的外来的购买者是推高房价的一个重要原因。基本上，在这些房价居高不下的城市，几乎每一座都还在继续不断地涌入大量人口。

外来人口涌入是正常的现象，这是我国在市场经济环境下，资源进一步自发按照经济规律配置得到更合理使用的必然结果。假如土地政策不是那么严苛，中国的绝大多数城市都可以通过扩大城市周边土地的供应，扩张城市的面积，扩展城市生存空间，消化掉这些不断涌入的人口，而城市的居住生活环境并不会变得特别不舒适和不方便，房价也不会升得太高。

其实不用任何数据解说，目前居住在北京的人已经明显感受到生活的不便。在北京很多上班族每天仅仅花在上班路上的时间常常就需要两个多小时，如果再加上下班的时间，那么一天里很可能四个小时就浪费在路上。因此，在北京和上海的地铁里面，总能看到很多捧着书本苦读的人。因为，在路上耽搁的时间实在太多，许多人不舍得浪费。由这里看出一座城市假如有太多人口的确有很大弊端。

因为过多的人口，还引发了许多其他方面的问题。据新加坡《联合晚报》转载英国《卫报》的报道称，据欧洲太空总署公布的卫星数据曾显示，北京汽车废气污染一度居世界之最，是“全球最大的汽车废气污染沉积中心”。水资源方面也面临不小的问题，目前北京、上海这两座城市各自超过两千万的人口已经让城市的供水出现了紧张。随着人口继续增加，这一问题将会愈来愈凸显出来。

当然，最难解决的还是房价。

在其他城市，假如房价太高，完全可以通过扩大在城市郊区的土地供应，从而扩大郊区的住房供应来缓解住房供应的紧张，从而降低房价。在规模较小的城市，郊区居住如果有足够优良的基础设施，相对于市中心也不会特别不方便。实际上，居住在郊区还有很多优点，比如空气更清新，环境更优美等——实践证明，郊区住宅楼盘达到这样的标准并不难，只要稍用点心的开发商都可以做到。

但是这一切如果发生在北京和上海，就有些不一样了。因为这两座城市的规模已经如此庞大，只要是居住在郊区，那就一定是距城区中心相当遥远的地方。这样一来，就会处处体验到行动和生活的不便。在这些城市，往往人们工作单位大都集中在市区中心，如果上下班路上需要花费几个小时的话，那对人的生活质量的影响可就太大了。而且，也大大降低了社会的整体效率。

因此，在这几座城市里，人们为了生活出行方便，当然还是会选择靠近市中心一带的住房居住，这就导致城市中心房价在这几座城市很难大幅度的降低。

过于庞大的城市导致了生活的不方便。而且，如果北京和上海的人口还是以如此高速度增长的话，那么这一切必定会变得更加恶劣。

综上所述，的确应该降低北京和上海人口的增长。

搬迁部属高校最可行

北京之所以如此的繁荣发达，主要是由于其独特的政治地位和权力系统造就的。得益于权力体系的资源，而非市场要素禀赋突出，造就了北京经济的发达。

这也是为什么笔者主张疏解北京市的人口，迁出北京的央企总部、各国家投资科研院所和部属高校的原因。首先，笔者认为一条重要的举措就是搬迁部分大学。搬迁大学，绝对不是说要搬迁北大、清华这些学校，甚至人大、国防大学这些重要的大学，尤其是重要的人文社科类的院校，因为其具有国家智库方面的突出作用，笔者也绝不主张搬迁。但是，要知道，北京有全国1/3左右的部属高校（可以列举的实在是太多了，比如北京理工大学、北京外国语大学、北京交通大学、北京航空航天大学、中国传媒大学、中国农业大学、北京林业大学、中国石油大学、北京工业大学、北京邮电大学、北京化工大学），为什么都要集中在一起呢？尤其是那些工科、理工科的学校，待在北京有何特殊意义？完全没有。疏导出去一部分难道不应该吗？无论从疏解北京的城市人口方面，还是从国家的布局公平方面着想，这么多高校都应该适当地向外搬迁一部分。

其次，类似央企部门难道就不能搬了吗?

其实，无须搬迁主要的央企总部，比如北京市目前有一百余个一级央企总部，并无须搬迁。但是，在这些央企总部的下属还有大量二级机构，特别是为数众多的科研院所是完全可以搬迁的，而且只要能有力度地将一部分机构迁出北京，就可以极大地疏解北京的人口压力了。

那么，应该迁离到哪里去呢？笔者认为应本着随其机构自愿为主——就是说由这些机构自己做主迁移到哪个地方。本来，为了国家和北京市的利益，将这些机构强制搬离北京，就已经让其做出了很大牺牲，如果再强制其搬迁的地方有点过于不近人情。如今，由于雄安新区的横空出世，搬往雄安新区已经成为不二的选择。

或许有人会质疑，这些部门即使都迁离了北京，似乎降低的人口数量也很有限，因为总共随这些部门迁离的人口可能也不过一百来万而已。

其实，这些迁离的人口都是基础的就业人口，是可以带动大量更多的为其服务的人口一起搬离。经济学有个词汇叫“乘数效应”，指经济活动中某一变量的增减可以引发一系列的经济总量变化。

举个例子，有人得到了1000元收入，假设他支出其中的80%，即800元用于买衣服，衣服店老板得到800元收入。衣服店老板用这笔收入的80%，即640元用于购买食物。食品店老板得到640元收入，他又把这640元中的80%用于支出……如此一直下去。你会发现，最初是这个人得到了1000元的收入，但经过不同行业老板的收入与支出行为之后，所有人的总收入可能可以增加到5000元。

这迁离的一百万人就是最初的“得到了1000元收入”的那些人，他们可以带动起他们的亲属，以及为他们服务的商店、饭店、小贩、批发商、医疗、教育等更大量的人随之迁移。我相信，假如这些单位机构能够迁离，那么北京市足以降低数百万人口。那样，北京这座城市也将不会再像如今这样拥挤，不会像如今这样堵车，房价也可以大大降低。

这些机构虽然迁离了，并不代表着它们会消失。而是会来到类似雄安新区这样的地方，也将这些就业和经济发展的机会带给它，从而可以带动其发展。

雄安新区可预见的几个前景

雄安新区的横空出世，使人们不能忽视其影响，笔者觉得有必要在这里对其可能出现的几个前景做一个预测。

1. 搬迁央企总部、部属高校及科研院所

有关雄安新区来自各方面的消息都宣称，将自北京疏解搬迁部分央企总部和部属高校以及科研院所。

前面已说过，早在2010年的时候，笔者就主张为抑制北京的房价上涨势头，有一个重要举措就是搬迁部分驻京的央企总部、部属高校以及大量科研院所。

之所以提出这样的主张，主要是了解到，在北京这座城市，集中了国内超过70%以上的央企总部，约1/3数量的部属高校以及大量包括中科院及各大央企及部委的科研院所。将这类机构更多地向国内其他地方分散，既是公平也是理所应当。

当时笔者提出的方法是让这些机构自己选择搬迁的地点。这样他们将搬迁去的肯定还会是一个成熟配套的城市。这可以增加其搬迁的主观能动性，而搬迁雄安新区却不同。

可以预见，搬迁雄安新区可能不受这些机构欢迎，这主要由于至少在一个短时期内，雄安新区还很难成为一个成熟的，可以让人感觉安居乐业的城市。而他们要离开的却是一个最成熟、拥有最多、最完整配套的超级大都市。他们在这座大城市里有自己的家庭、有朋友、有齐全丰富的娱乐生活设施，甚至可以看到在其他地方难得一见的戏剧、音乐会等。

正因为这点，很多人指出，形式上的搬迁，建一个总部大楼没有问

题，但实质的搬迁却很难，尤其是雄安新区距离北京如此近，那些人还是不会离开北京，即使搬过去，到假期也肯定返回北京。这必将使雄安新区在一段时期内，即使能够建立很多高楼大厦也很难聚拢人气。假如错过了最佳的、让新区快速繁荣、变得有吸引力的布局时期，以后再要补救就比较困难了，到时总部搬迁也还会搬回。

2. 可能设立证交所

有很多传言称雄安新区将建立一家新证券交易所，假如这条传闻属实，那么新区必将拥有无比远大的前途。

因为证交所无法搬迁，设立在当地就会留在当地。而笔者一直坚信，一个证券交易所的建立足以繁荣一座超级城市（关于证交所的作用，可以参见深圳，笔者认为，深圳发展的最大助力其实是深交所的建立，其对深圳繁荣的作用要远远超越华为、比亚迪、腾讯等公司）。围绕着一家证券交易所，将聚拢起大量证券公司、基金公司，包括信托、风投、保险、银行等机构，而它们都是高附加值产出机构，都需要雇佣大量的高薪员工。

3. 不建商品房吗

网络上传言：新区将启用新的房地产试行方案，将不允许配建商品房，试行以公租房、廉租房为主的建设模式，没有固定住宅用地。原住民将经由政府回收、改建、疏散至其他区域，新区内完全杜绝固定居住用地批建。

不管这消息是真是假，但估计这一项政策不会真正实行，即便实行也只是短时间适用。

试想，如果全部都是公租房、廉租房，那么这些住房怎么分配呢？要知道，雄安新区不是一个像新加坡那样封闭的城市，而是一个开放的，等待着大量人口迁入的城市。在这样一个开放的城市下，怎样分配公租房呢？如果采用像各地人才公寓那样的模式，公租房只分配给落户的各类“人才”使用，那么，新区需要的各种服务性机构，比如饭店、旅馆、商场、菜场等人群，没有商品住房，他们居住在哪里呢？而如果也分配他们公租房，又得按怎样的标准来进行收费呢？肯定有无数人，而且是来自全国各地的人都会来申请公租房，政府能照顾得过来吗？

同时，对搬迁新区的那些所谓的高层次人才来说，仅仅公租房能够满足他们的需求吗？有一定收入的群体哪个不希望自己拥有恒产，以此让自己生活得更有质量呢？

显然，新区仅靠公租房是完全满足不了人们的需求。假如想要让新区发展，肯定得建商品房。暂时宣称不建商品房，可能只是希望各地炒房客不要热炒当地的房价。当然，其实笔者觉得这种限制很可能保护了那些炒房客，因为如今的住房热炒已近疯狂状态。

4. 对北京房价走势的影响如何

当然，人们最关心的，相信还是雄安新区建立对北京房价的影响。

毫无疑问，新区的建立对北京房价将是一个利空。假如新区能够成功，大量央企总部、部属高校、科研院所搬迁，将减缓北京的人口，甚至会使北京的人口出现一定的负增长，这将极大地缩减北京的住房需求。如那样，北京房价可能很难再有大幅上涨，但指望北京房价大幅下降到很低的水平，也不现实。

这首先是由于雄安新区的建立，各机构即使搬迁，也绝不是一个短期内会发生的事情，要对北京房价产生影响，时间还相当长。而最后即使雄安新区迁移成功，确实有大量机构搬迁，在此期间，北京的土地供给缩减，也完全可以抵消其对房价打压的负面影响。

当然，笔者个人预计，近年北京房价短期内还是有可能会下跌，这主要还是由于当前限购、限贷政策过于严厉，已经极大地打击了购房的需求，同时，据说北京的土地供给还要增加。两方面影响的因素加起来，笔者相信北京房价在一定时期内有回落的可能。

北京住房总量需达到 1980 年的五十倍

如今的土地供应比以前多，城市扩张得无比之大。北京在 1980 年的时候，城区面积可能仅集中在二环范围多一点的地方；到 1990 年的时候，城区的面积扩展到三环左右；到 2000 年，扩展到了四环；如今，北京城区已经扩展到五环，乃至六环附近了。这正是许多人所疑惑的：城市的面积已经扩张到如此之大了，难道房屋还不够住，土地还不够用吗？

确实如此。

让我们来分析一下原因。首先，我们必须认识到，北京在全国是一个相当特殊的城市，它是我们国家的首都。而在我国的政治体制之下，对首都的要求非常多，承载的功能也非常多，导致自改革开放以来，北京人口的增量极其之大。当然，这样人口增量巨大的城市在我们国家并非罕有。自改革开放以来，很多地方和城市的人口增量都挺大。如果按照比例来划分，人口增量特别大的城市在国内差不多有几十个，主要分布在国内的沿海省份，以及内陆的省会级城市中。

在 1980 年，整个北京市的户籍人口为 874 万，其中主城区人口可能只有 500 万（以上数字来自北京市城市规划设计研究院的文章《对北京人口规模的反思与认识》）。而如今北京的人口总量已经达到了 2200 多万，主城区人口估计也达到 1500 万以上。特别是主城区的人口扩张了三倍左右。以至于如今人们在北京的街头，会觉得外地人比本地人还要多；在单位工作的人会觉得同事中外地人要比本地人多。而这些在北京工作的外地人大部分都希望能够在北京买房——也就是说需要北京住房的人口差不多增长了三倍。

其次，还应该承认，目前人们对住房的要求要比 20 世纪高。之前，很多家庭都只能居住在二三十平方米的住房里，而且每个家庭的人口经常多达五六个人。根据统计得知，1978 年，我国城镇居民人均居住面积仅为3.6平方米（数据来源于《人民日报》文章《我们究竟住多少房》）。而如今，很多三口之家也都希望能够住上100平方米左右的住房。这意味着，住房面积平均到每个人身上需要增长近十倍才能满足现实的需求。

综合来看：北京的住房面积至少要比1980年的时候扩大20～30倍才能暂时满足人们的住房需求。而事实上，住房往往还需要一些提前量的，比如，很多人会给自己的孩子准备未来的住房，另外，在可预见的未来，北京的人口还会继续扩张，这两项都还在造就大量的住房需求。

因此，笔者认为，目前北京的住房面积总量就是比1980年扩展四十倍到五十倍，也根本不算多。

1978年北京的住房面积总量为5000万平方米，而根据北京市副市长陈刚所做的议案办理报告中提到，目前本市住宅总面积约51250万平方米（其中，1990年以前建成的约6950万平方米、128万套；1990年以后建成的约44300万平方米、436万套）。这一数字刚刚达到当年住房面积总量的十倍。

从这些数字可看出，目前北京的住房供给量还远远不够。当然以上主要分析的是北京市的情况。实际上，国内那些房价特别高涨的城市都面临同样的情况，房价高涨的根本问题就是住房供给不够。

第十五章

一些关于房价的典型错误观点

在前面的章节中，我们揭示了中国部分城市房价畸高的两大主要原因。但显然，很多人并没有认识到这两点才是问题的关键，反而产生许多错误的认识。在本章节里，笔者将分析在大众都有哪些错误观点，原因又是什么呢？

争议最大的就是炒房客到底是不是推高房价的元凶。

炒房客不是房价上涨的罪魁祸首

在许多人看来，买房就应该是自住的。在住房如此紧张的情况下，炒房者却大量买房，囤积房源，还不以居住为目的，实在是太可恶了。许多人都将炒房者视为房价快速上涨的主要元凶，这甚至已经成为我们某些舆论在分析的时候所持的一个典型观点——在促使房价上涨的力量中，炒房客已经成为仅次于地方政府、房地产商之外最令人气愤的力量了。

遗憾的是，政府的相关部门也将炒房者视为房价上涨的罪魁祸首。因此，出台的几个房产调控措施都将炒房客当作最重要的调控对象，并将打击炒房者当作抑制房价上涨最重要的政策制定方向，而这是导致政策失误，并使房价越调控越高的最重要原因之一。

炒房客真的是罪魁祸首吗？

假如我们可以认真分析一下炒房客都做了些什么，并且分析他们在房价的运行过程中都起了什么样的作用，或许就可以比较清晰地认识炒房客的作用，更加明白他们该不该对目前高涨的房价负责了。

我们必须承认一点，从短期上说，炒房客对住房的炒作购买的确对房价的上涨有一定推波助澜的作用。但是，长期来讲，就很难说了，决定房价高低的还是供求规律。既然叫“炒房客”，就决定了他们的目的不是为了自住而购买，而是为了赚取差价。因此，他们最终还是要把住房卖出去。那个时候他们的行为恰恰是扩大了住房的供应，而增加供应本身就会平抑价格。也就是说，现实的炒房客未来还会为降低房价起作用。就比如现在，北京的二手房供给中有很多就是曾经的炒房客购买的房子，如果没有他们的房屋出售，北京的房价肯定会更贵。

最终买房的人肯定还是那些准备自用的购房者（这里的自用含义广泛，包括自住者，也包括买房为了出租者，换句话说，就是长期持有者)。既然这些自用的购房者愿意购买房子，就说明他们还是自愿接受当期已经高涨过的房价。

既然他是自愿以高涨过的价格购买房子，那么即使没有炒房客从中作梗，房地产开发商也会将价格提高到相似的水平。哪怕退一步说，房地产开发商明明知道你可以出更高的价格买这套房子，可还是以很低的价格将住房卖给了你，而且无视旁边很多急切想购买同一套住宅的人殷切的目光。那么，我们又怎么知道，你购买这套房就是那个最需要、最迫切想要自住的人呢？而同样那些比你愿意出更高价格买房的人就不是最需要这套住房和最想自住的人呢？

所以，指望房产开发商在明明可以卖出更高房价，却以低价卖出是根本不符合经济规律的，而且这便宜除非运气特别好，否则也绝对不会落到我们众多的购房者手中。

从长期来说，炒房客的炒作对房价的影响其实没有当前各界想象的那么大，决定房价的高低还是其自身的需求和供给的规律。

但是，目前各界对这一点并没有很清晰的认识，反而，社会各界，包括政府相关部门都将炒房客当作房价上涨的罪魁祸首。所以，凡是出台的各项抑制房价的政策，无论从最早的“国八条”到“国六条”，再到“国十一条”“国四条”等等，几乎每一项政策都以抑制投机客的炒作为目标（至于这些政策的效果，我们也大都看到了，几乎没有一条是最终管用的！最糟糕的是收取房产交易营业税，不但没降低房价，反而大大加重了购房者购房的负担)。

前面笔者分析过，决定房价高低的最终因素不在炒房客身上。正是这一条就决定了那些政策必然不会有多么大的效果。判断的失误，使我们出台的很多抑制房价的政策，都没有踩到点子上，没有摸清使房价上涨的最终根源，致使房价越调控越涨。

另外，除了被冤枉之外，炒房客难道也仅仅只有“炒高房价”这样一些负面的作用吗？

也不是。前文解释过，炒房客的目的就是要赚钱。因此，他们购买房产之后，一般来说都不会让其空置。如果不是立即转手倒卖的话，通常都会让其出租以赚钱，而这样就在另一个市场上扩大了供应，即租赁市场。

在很多大城市，房屋的购买价格已经高高在上了，因此很多人只能选择租赁住房。但其实，在房屋租赁市场上，价格也已经相当高了。很多房租都需要人们拿出工资收入的1/3以上才能负担，而且所租到的房子绝大多数只能勉强居住。但是与购买相比，租赁价格还算处在人们可承受的范围之内，至少不是住不起，而且可以让人们有一个居住地的选择。

而这应该有炒房客提供的租赁房屋的功劳。

因为，炒房客的房屋进入租赁市场，就增加了租房市场的供应。那么，只要学习过经济学原理，懂得供求关系的人都明白，供应市场的扩大将降低价格。这也让很多人，尤其是北漂、上漂、广漂的生活不至于更加难受。

如果从这一个角度来看，我们还会说炒房客是推高房价的罪魁祸首吗？

从根本上说，炒房者不过是一群投机客而已。关于投机客的价值，茅于轼老师曾经有过一段非常经典的论述："投机商人也是可以创造财富的。"

炒房者永远都不是房价上涨的根本原因，最终影响房价高低的只取决于两个因素：需求和供给。在需求旺盛的同时，供给却一直受到极大的限制，这才是房价上涨最根本的原因！

房租上涨与房产中介无关

在2010年5月，关于房租大幅涨价的新闻曾经充斥了各大新闻媒体的版面，也搅动了各地万千租客的心。根据《第一财经日报》调查得知，

2010 年比 2009 年同期"一线城市的房屋租金上涨了 20% 左右。"文章中还透露北京的一个租房信息："据北京最大的信息网站赶集网统计的数据显示：北京租房成本同比去年大涨 25%。"

关于房租的大幅上涨，媒体有各种分析。影响比较大的是某些人通过自己的一些个体的经验，就得出结论，认为这是房产中介炒作的结果。就连住建部也发布报告称："房产中介扮演'二房东'，成为炒作租金上涨的最大'黑手'。"

笔者认识的一个朋友就曾气愤地说："如今的房产中介太坏了。现在房产新政出台，所以，那些房产中介都卖不了房了。他们现在无所事事，就纷纷打电话撺掇房东撵房客走，好重新出租一次房子，这样房产中介就可以再次赚钱了。"他还认为："你看现在房产中介这么多，一条街就有好几家。只要他们一煽动，租房价格就起来了。"

必须说，现实中，确实有一些房东接到过房产中介的电话，鼓吹让其赶走原先的租客，然后这些房产中介保证可以帮其将房屋租到更高的价格。

但仅凭这些事例，是不是就可以认为房租是由于房产中介恶意炒高的呢？

其实这些年来，笔者也曾在北京租房居住，期间有过数次被黑中介坑害的经历。包括押金不退、莫名收取什么转让费等等。另外，北京的房租中介费用的确相比上海等城市有些偏高，这些都是很多人经常抱怨的事情。

但还是要说句公道话，如果仅凭借这点事实就说是房产中介煽动炒高了房租价格，那就太冤枉这些房产中介了。

正如世华地产研究总监肖小平在接受《上海证券报》记者采访时所解释的："房东放租肯定不会只挑一个房产中介来放，肯定是几个房产中介同时放，所以对房产中介来说，最重要的是尽快成交。如果业务员要说服业主涨 200 块钱，最终丧失的可能是这个成交的机会。"从主观愿望上说，这些房产中介根本没有理由要求房东将房租上涨。他们或许会鼓动房东另外出租，那样他们就可以赚取中介费。但是，绝没有理由要房东将房租提价，从而让房子租不出去，自己也无法赚取中介费的道理。

其实，在北京这几年里，笔者个人也曾认识一些从事房产中介工作的人员。他们大多生活比较清苦，多为外地来北京打拼的年轻人。也就是说，其实他们也是要租房住的。又怎么会愿意把房租炒高，让自己付出更多房租呢？

实际上，笔者的一些朋友租房时并没有通过房产中介，但是在住房到期时，房主也一样要求提高租价。因为大家都有个对比，当市场上租房价格上涨的时候大家都会跟着涨。而这涨与跌都取决于市场上供与需的关系，双方共同作用均衡的结果，而不是一方的炒作。

许多人之所以认为房租是房产中介炒高的，关键的一点是将人口与需求都当成静态了。却没有看到，每一年，甚至每一月、每一天、每一刻都有大量人口自全国各地涌入到那些大城市，导致每一个时刻都新增不少租房的需求。

其实，《人民日报》上发表的署名姜赟的文章《供求关系变化推高房租》分析得还是比较透彻的。文章中表示："就需求来讲，今年上半年，尤其是 4 月楼市调控以来，市场交易量下降，买房者持币观望，转购为租，租赁需求突增。拿北京为例，据房产中介'链家地产'提供的数据显示，二季度租房市场成交 37.7 万套，超过上半年总量的一半，同比大幅增长 38%。就供给而言，伴随楼市趋冷，虽然一些房主转售为租，但市场供给未见明显增加。据北京房地产信息网统计，二季度新增租赁房源环比下降 23.7%。"

也有人说是房产新政造成了房租的上涨，笔者认为这可能会起一点微小的作用。房产新政导致人们购买房屋减少，这一点毫无疑问，而本来人们是有这些需求的。这便造成了两个后果：一个是本来一部分投资客打算购买新房，然后放到租房市场的。这本来是可以扩大市场上租赁房源的数量。但是，新政导致其放弃了这一打算，也就使租赁房源并未得到扩大；另一个是本来有人打算购买住房自住的。但是，新政造成这些人放弃了购买。这部分原先打算购房却无奈被挤出只能加入到租房行列的人，就使本来可以减少的租赁房客并未得到减少。这两项降低了租房市场的供给，同时扩大了租房市场的需求。

不过，由于这两种情况相对北京庞大的房屋租赁市场而言，其影响其实是非常微弱的——二手房每年总成交数量相对于市场上的总租房量来说是相当微小的，微小到甚至我们完全可以将其忽略不计。所以，将房租上涨归咎到房产新政上也有些不太公平。

对北京的房屋租赁市场而言，一个最重要的影响事件应该是对唐家岭、大望京等原先居住有大量人口的城中村的拆迁。虽然没有看到相关的数字，但是，假如有人真的走访过北京的唐家岭以及分钟寺这样的大型城中村社区，就会认识到那些原先农民自盖的楼房所容纳的人口之多。但是，随着唐家岭等地方本来容纳有大量人口的社区被拆迁，导致原先居住这里的巨量人口不得不搬迁，相当多的人就被迫进入到正式的城市租房市场，无疑就加剧了租赁房屋的供不应求。

关于城中村的拆迁，《北京青年报》曾刊发过一篇名为《2010 年北京 50 个重点村将整体启动城市化》的报道，报道中称："北京市 2010 年将整体启动 50 个重点村的城市化工程，同步推进'城中村'建设治理。北京市将对城乡接合部地区人口密度高、卫生环境脏乱、违章违法建筑多的 50 个市级挂账整治督办重点村进行集中整治，通过整治建设，全面改善其生产和生活环境，消除存在的各种隐患。同时加快其他'城中村'的改造。推动城乡接合部改革发展将以区县为主体，按'一村一策'的方法因地制宜地进行。这 50 个重点村分布在朝阳、海淀、丰台、石景山、房山、通州、顺义、昌平和大兴 9 个区县，'改造今年都要启动，但不一定都能完工'。"

如果北京真的要全部启动 50 个重点村的改造，迁出的城中村住户和居民有多少，目前还未能见到任何数据，可以肯定的是人数一定相当多，这必将造成更大的房租租金上涨。实际上，放眼全国，只要是有大规模拆迁改造的城市，都普遍存在着房租上涨的情况。

比如广州的城中村改造，从2009年年底开始就开展得如火如荼，而城中村租客也不得不大规模搬迁。根据多家广州媒体的报道，在众多搬迁者的推动下，广州全市范围内的二手房租金水平也开始水涨船高。从2009年下半年开始，已经多年没有变化的房屋租金，呈快速上涨的势头。

2008年2月底，昆明启动城中村改造。一开始，原先住在城中村中的上百万外来房客还普遍没有预料到后果。但从2009年上半年开始，昆明就出现房租上涨了。很多城中村停止出租房子，准备接受拆迁改造。暂时不拆的村子房租明显上涨，有的上涨了一倍。

其他的城市如西安，郑州，都有同样的事例发生。

一方面这些拆除行动极大地减少了出租房屋的供给，增大了租房市场的需求。另一方面，新建房屋却远没有填补上这些供给减少和需求增多的窟窿，房租当然要涨了。

也就是说，租金上涨最主要的原因还是房屋总的供给量没有大量的增加，而这是由于近几年新建住房的供给一直未能得到增加，甚至还在减少，导致住房供给远远赶不上住房需求增长的速度。

不管是房价上涨还是房租上涨，都是这一原因导致的恶果。

囤积房源和土地十分正常

笔者有个邻居，在2000年期间购买了新房，于是就将原先自住十多年的住房以15万元卖掉。如今，这套住房的价格翻了好几番，在2010年年初，差不多就能卖到七八十万元了。后来，这个邻居跑到新房主那里大吵大闹，要求新房主赔偿他将房屋卖出后涨价所造成的损失！

这个邻居绝非坏人，他只是一个普通人。之所以做出那样的举动，一定是他对当初卖房后悔不已——如果再有同样的机会，他一定不会轻易地以那么低的价格将房子卖掉了。即便这栋房子对他而言已没有什么用——他不会在这栋房子里边居住，他也没有儿女、孙儿一类的直系亲人需要留给他们。那套房子对他其实已经没有任何实际使用上的价值了，这也是当初他那么迫切地将房子卖出的原因。

讲述这个故事，是说明假如当人们知道未来房屋或者土地将涨价的时候，那么任何一个有理性的人都会选择先留一留，不着急卖出，而这一个行为其实就是在囤积房屋或者土地。

但人们这样做难道有错吗？绝不是。这其实是任何一名理性的人都会做出的最符合其理性的选择。

如果我们设身处地替那些拥有住房和土地的人想一想就会知道，从道义和个人行为上说，囤积土地绝没有什么不对。

但是，囤积土地和房屋毕竟有可能会造成一些实质上的浪费。怎样减低这一现象的发生呢？只有加大土地和房屋的供应力度，让未来的房屋不再那么紧缺，从而让房价和土地价格不再上升，起码如果要上升也至少上升得不要那么快。

当笔者解说土地与房屋价格关系的时候，很多朋友也曾经提出过质疑。和很多人一样，他们也认为土地供应量不是土地和房屋价格的主导因素。

以北京为例，假设北京的住房和土地供应一下子提高十倍的话，那么，住房和土地的价格还会像现在这样高高在上吗？不但不会，反而那些囤积客看到下跌的房价和土地，会纷纷抛售囤积在手里的房屋和土地了。当预期改变，理性的人当然是想办法赶紧逃。那时不但不会有囤积，而且人人都恨不得要以最快的速度将土地和房屋抛售出去。这样，房价当然也就会大大降低了。

无论是囤积房源和土地，还是随后看到房屋价格下跌而赶紧抛售，都是一个理性人最理性的举动。如果看到价格要上升，而自己有机会赚上一笔，不囤积才是真正不符合逻辑常理。

从道德上恶批囤积房源等行为是完全站不住脚的。因为，几乎任何一个人有那样的机会都会选择囤积。既然这样，那么我们也就不该指责囤积土地或者是囤积住房的人。如果他们看清楚了，未来将会涨价，那凭什么非要卖掉呢？这只是市场经济中最正常的所为。

实际上，打击囤积最有效的政策永远都是扩大供应，无论是什么样的商品！就如同中华人民共和国成立之初，上海市政府打击囤积居奇商人行为时，最重要的举措也是大量调集物资，低价投放到市场，最终才使囤积客血本无归。

国土资源部曾经一而再，再而三地强调，在土地供应上不存在紧张的问题，指责根源在于房地产开发商将土地囤积了起来。

土地囤积的情况确实是存在的，但这种囤积通过上面的分析，还是建立在预期房价和地价未来会有相当大增长的基础上。如果能够从供应端改变其预期，就完全可以消除掉囤积的现象。

另外，为减少囤积现象的发生，还应当从政策上取消对各种形式的开发商建房的限制，尤其是那些小开发商。因为小开发商通常没有那么雄厚的资金可以打持久仗，坐等房屋或土地升值，紧绷的资金状况决定了他们必须赶快见到收益，也就是说必须赶快建好住房卖出去，这样他们才能回笼资金，让企业运转下去。

小开发商才最容易降价。

中国的空置房到底多不多

有必要认真地解释这个问题。

我们必须先定义一下这个概念，什么是空置房？我们这里所说的空置房是指已经卖出去，但却不住人，也没有向外出租的空房。

很多人经常借大量的空置房指责炒房客的可恶。他们强调，市场上有很多空置房，还有人举出在很多新建的小区中，高层建筑每晚都见不到有几户亮着灯光——言下之意说，你看空置住房有如此之多。

笔者认为不见得。因为在任何一个新建小区，住客搬进去都是需要有一段时间的。通常一个新建小区住户的搬迁过程都要断断续续持续一年或者两年左右。尤其是新建的毛坯房，通常都是在交付两年后才能达到入住高峰。很多人看到偶尔几个新建成小区里边亮灯少就大惊小怪，以为都是不住不用的空置房。其实根本不是那么回事。实际上，在还没有炒房客这样一个群体的 20 世纪 90 年代，也就是说在计划经济，还是分配住房的时候，就已经是这样的现象了，很多新建小区也都需要一段时间才能达到居住的高峰。

当然中国有没有空置房呢？的确有，但是目前的问题在于，这一现象被夸大了，导致了很多错误的认识和政策的决定。

尤其是在那些住房需求最大量，外来人口最多的城市都不会有太多的空置房。羊城晚报社曾经就广州的房屋空置率进行过一次调查，虽然在调查之后写出的文章标题用了“超警戒线一倍”的字样，但实际调查出来的空置率也仅仅只是 20. 24% ，特别是在老城区和金沙洲一带的空置率仅有 13. 35% ，只是在新建小区珠江新城一带空置率才达到 35. 14% 。

相比之下，央视在北京做过的一次类似的调查，则存在相当大的问题。因为央视的调查主要是凭借亮灯率来考察房屋是否空置，这很不合理。现在的家庭即便是在家，也不见得会将所有房间的灯光都打开。并且现在很多人下班都晚，或者还有出差以及在外面娱乐的人。而在这样的情况下，外面看到的都会是房间里没有开灯。

此外，央视的调查将重点放在新建小区更是不具有说服力。

即便这样，央视调查最后得出的数据也仅仅是四成的空置率，远远小于人们的预计。

很多人总是以一种大而化之的思路考量中国的空置房现象，但实际上，中国各地的房屋市场情况是很不一致的，不该用同一种认识方法，而应该区别开来，尤其是对具体城市的情况更该具体对待。比如，在中国的城市中，既有房价畸高的城市，也有房价基本还较为正常的城市，不该采用同一项政策。

网上曾流传一个新闻：“根据社科院调查，用国家电网智能软件统计发现 660 座城市有 6540 万套房子空置，6 个月以上无人居住。”一些有影响力的经济评论人，不少的学者以及媒体报道房地产消息时，也都引用这条信息作为旁证，言之凿凿，长篇大论。

但是，最终，这条消息被著名的房产博客主人姜炜爆出完全是一条假新闻。由第一财经记者通过国家电网核实，根本没有发布过这个消息。“而且也绝不可能有这个数据。因为当时报道的原文是说根据智能电表的统计得知……但入户的智能电表根本就没有达到报道中说的数量，（全国）一共只有几百万只入户智能电表。”

就房屋空置现象来说，笔者所在的北京，那些成熟小区就很少看到有住房空置的。笔者曾经在自己的博客中数次询问一位声称他居住处临近的小区两年没几个亮灯的网友，问他说的小区在哪个位置，希望调查一下，结果此人不肯回应。这使笔者更加坚信，类似讲大量住房空置的很多都是在以讹传讹。

除北京之外，类似的其他市场繁荣、外来人口庞大的城市，相信也都是很少有房空置的。

相比之下，空置房比较多的城市反而是那些本来房价就不高，外来人口又不多，租房需求比较小，因而租金价格都比较低的城市。

另外，类似三亚这样的城市，笔者相信空置房也不会是少数，因为这样的城市，本来购房者就主要集中在富人群体。到三亚购房的除了部分炒房者外，更主要的还是为自己的度假所用，真正的富人通常都不会太在乎出租房屋那点金钱。另外在三亚这样的城市，本来租房市场相对就比较小，没有那么强烈的需求。

这样的情况在笔者的家乡青岛周边的一些县城，如胶南、乳山等地方也都存在。那里度假的住户多，原本就缺乏长期的租户，住房购买后当然要空置了。其实，这些地方即使房价高一点，对普通老百姓的购房也不会有丝毫的影响。因为，那些地方本来就不是普通老百姓日常生活要居住的地方。

笔者不否认，在北京、上海这样的城市也有一些房屋空置，但大多数都是新建小区，而且是那些比较偏僻，因而不受租客青睐的住房。某几个高档小区也可能空置比较多，因为那样的楼盘主要都针对富人。但是，这样的住房绝对只占房屋总量中的少数。

根据全国房地产经理人联合会副秘书长陈保存先生披露的数据得知：全国目前的住宅总存量约为140亿平方米，其中80%为成套住房，其他为非成套住房（如筒子楼、平房等没有独立厨房与卫生间的非成套住宅）。

自1998年以来，中国全部住宅竣工总量约为74亿平方米，其中商品房住宅竣工总量约为45亿平方米。这之中还包括了一些商品房被单位购买后又房改化的房子，也包括部分经济适用住房、廉租房。真正的商品房约只占其中的25%左右（扣除房改房、经济适用住房、廉租房等）。按套数计算，整个房地产业住房生产量每年约400多万套（2003年为302万套，加配建的经济适用住房45万套等），经过11年的市场化改革历程，生产总量也就在4800万套左右。

根据这一系列数据显示，中国的闲置住房根本就不可能多，因为住房总量本身还远远不够外界鼓吹空置的数量。

地产商人不是房价上涨的罪魁祸首

实际上，在中国的地产界，曾与政府有着各种各样千丝万缕关系的房地产老板也不少。那么，地产商人到底应不应该对中国日益高涨的房价负责呢？

回答是：不应该。

尽管这些房地产商人在起家的时候身份、背景各不相同，但是，既然他们进入这个行业，他们都会尽可能地利用市场的力量，最主要的是必须千方百计地去迎合消费者，满足消费者的各种需求。成功的地产商人都是那些真正的企业家，而真正的企业家都是以实现企业利益最大化为目标的。

既然我们要求其他的企业可以以此为目标，那么地产商人也将此当作目标有什么可谴责的？

中国的房价上涨怪不得他们。因为，在有广大供应市场的情况下，房产价格更取决于市场上的供求平衡。需求改变是非常艰难的，而供给在很大程度上取决于政府推出的土地和住房的供应。中国房价的上涨正是由于在土地的供给方面一直有很大的限制，造成供给始终不足而引发的。

假如有人辩解说，中国的房地产市场不能完全取决于市场，因为有地产商人垄断，那也是现行政策造成的垄断。

有时候土地即便是供给了，也不一定会转化为实际住房的供给。实际上，我们看到许多地产商在发现房屋价格下跌的时候都会选择暂不开发土地，囤积土地。这绝没有什么不正常，也不像某些人谩骂的那样无良。而是每一个在得到了相关的信息，认为土地供应不足，地价将上涨的经济人都会做出的最理性的决定。

在其他国家，通常会有很多土地的拥有者。而且，他们原先获得的土地价格都很低，这样即便房屋价格下跌了，他们出售土地盖房也仍然可以获得相当的收益。因此，在那些国家，即便房屋价格降低了，也仍然会有土地的开发者继续推出住房土地。而在中国，由于土地的供给不够多元化，当开发的土地都集中在极少数几个大公司手里，囤积土地便成为相当普遍的现象了——反正如果我不开发的话，其他人也没有资源去开发。

怎样制止这些现象呢，这就需要一些配套的政策了。

一方面是坚持目前制定的土地限期开发的政策——这样的政策会继续被突破，而且开发商如果想囤积的话也总是会想办法拖延，但是总好过没这些政策；另一方面是继续扩大土地的供应，土地的单价就会降低——尤其是不需要拆迁民居土地的供应，这样的土地赎买成本要低得多，政府部门就不至于因为售价低而不乐意出让。

大量土地的放出将使囤积土地成为套牢盘，为减少损失，原本囤积的土地就会争先恐后地放出了。

现实中，我们还可以看到许多楼盘，都通过捂盘销售的方法进行售房。之所以这种方法能够成功是因为房价在上涨的过程当中，需求旺盛而供给不足。

假设供给充足，房价就会开始下跌，地产商就不会采取这样一种方法去售房，因为这样做的话他的房子不但卖不出去，留在手里的还会被套牢。

富人购买的房产与普通民众购买的不一样

前文曾经讲到，炒房客的目的是为了赚钱，如果不是一买就卖出的话（这样的情况在房价急速暴涨的时候确实发生过），通常很少人会让自己的房屋空置，一般都会放租出去，以获得一定的租金收入。这样就扩大了一座城市出租房屋的供应，也是很有益的。但是，也必须看到，现实生活中还的确有很多房屋在购买之后就空置的，这主要是那些不在乎那点租金收入的真正有钱人购买的房屋——不过假如租金持续上涨，这些房屋最终还是会流入到租房市场。

不过，富人购买的房产通常情况下与普通民众购买的房产并不一样，他们会特别青睐那些高端的房产，另外，就是会选择去一些比较特殊的地域购买房产。

在这些地域中，一是类似北京、上海这样的中心大城市，满足其要当大城市人的愿望，另外，各个省份的中心城市通常也会有相当的聚集，如成都、武汉、杭州等等；二是那些风景秀美又相当繁华，普遍被人夸赞的城市，如青岛、大连、厦门、珠海等沿海城市；三就是纯粹的旅游度假胜地。比如海南，还有广西的北海，青岛远郊区的胶南、山东半岛乳山等地方。这些地方都有着稀少的山海景观，从世界各地的情况来看，这种山海景观都是极抢手的资源。

笔者在这里要重点解说的就是第三种类型。这源于2010年年初媒体爆炒的关于海南，尤其是三亚地区房价暴涨的消息，在当时引起了舆论的一片哗然。据《黑龙江生活报》报道，“（2008年）上半年，海南房价还比较平稳，三亚的房子每平方米还未过万元，周边各市县的房价也就3000元/米^2。从2008年12月份开始，国际旅游岛预期显现，许多楼盘都打出海南将建国际旅游岛的广告，一些楼盘竟公开在报纸上做广告称‘将从2月份开始，每平方米涨价1000元’。”

随后海南国际旅游岛政策获批。国务院办公厅发布计划，称到2020年将海南初步建成世界一流海岛休闲度假旅游胜地。2010年1月6日，国务院新闻办公室举行专场新闻发布会，宣布海南国际旅游岛规划纲要获中央批准。

《黑龙江生活报》在报道中惊讶地称：“按股市惯例，利好出尽就是利空，而海南楼市却走出相反行情。‘4日开始，我们接到来自全国各地的购房电话，许多客户根本不来看盘，一张嘴就订两三套房，史上从未有过的楼盘销售狂潮开始在海南显现。’三亚市清水湾楼盘销售人员10日表示。”

面对房地产开始狂热，购房人狂躁、非理性的现状，2010年1月15日，海南省出台政策，暂停土地出让和审批新土地开发项目。

然而这一政策的出台，却让已经热得烫手的海南楼市再度陷入疯狂。据《黑龙江生活报》报道：“记者从海南省政府了解到，暂停土地出让的政策出台对市场影响反倒加大，房价更是一天一涨。海口某楼盘16日房价为15000元/米^2，17日涨到17000元/米^2。琼海市一家大型社区销售人员对记者说，2009年开发企业到全国各地推销，市场仍然冷清，这几天不仅现房销售一空，就连还没起地基、正在规划的房子也引来火爆预订。短短几天，琼海的一些楼盘每平方米涨幅都达到两三千元。”

当人们听说三亚那里的房屋均价达到了20000元/米^{2}的时候，大众都以此为例谴责炒房客的可恶。

其实，完全没有必要。

三亚的住房暴涨有其合理性。因为，其海景资源有限，而富有的所谓“成功人士”往往都会以在那些拥有无敌海景的地方购买房产为乐，全世界各个国家无不如此。但是，类似这样的一些地方房价即使涨得再高，与我们普通的消费者、老百姓没有丝毫关系。普通的老百姓，除非那些想赚上一笔的炒房客，是绝对不会跑到海南这样的地方去购买一份房产的。那些只是奢侈品，而绝非生活中的必需品。因此，我们应该乐见类似海南这样的地方房价的暴涨，他们替我们分担了很多购房用的钱财。而这些钱财如果没有投入到这样一些地方，原本很可能还是要投入到大城市，从而与我们争抢大城市有限的土地资源。

实际上，有钱人拥有数套住房，在全世界都是惯例。所以，绝大多数民众不应对此产生愤恨。

类似的，在山东的乳山、胶南等地方的房产也有相似的作用。购买这样一些地方房产的业主可能并不见得是特别有钱的人，但可以肯定也绝对不可能是生活困窘的人，他们必定是有一定资产。他们到那些地方购买房产，多是由于看重那里房价相对比较便宜，最重要的还是有优质的海景资源。

很多购买这样一些地域房产的人之所以不出租，是因为那些房屋本身就很难租得出去。本身就是季节性需求的住房，只有在旅游度假的旺季有短期租客，而很少长期、固定的住房租户。但是这样的一些市场并不会对我们的大众住房消费市场带来丝毫的影响，所以，没必要为此关注并感到气愤。

人们对房价高涨原因认识不清源于对经济学知识的缺乏

2008 年广东两会期间，针对当时广州高涨的房价，有香港地区的代表在人大会议上发言，表示广州的状况跟 20 世纪 60 年代的香港是一样的，房价不断上涨使人们有些承受不住，最后逼得政府多抛地，只有政府多抛地才能把房价降下来。

显然，香港人都能清晰地认识到，影响房价最主要的因素还是土地和住房的供应。

为什么在香港这样的地方，人们对此的认识很清晰，而一旦到了大陆，似乎所有人都认识不清了，总是强调很多其他的原因——比如投机客的炒作、房产商的贪婪、地方政府的腐败、银行的助纣为虐等。对于这个问题，笔者也曾冥思苦想过，最后还是想通了。

从国土资源部门到各地方政府，他们觉得自己很冤，因为他们一直感觉近些年的土地供应并不少，似乎一直在增加，但还是无法赶上房价上涨的速度，而且还越涨越快。他们自然就以为不是土地供给的原因，而不知情的民众也认为国土资源部门说得对。

笔者认为造成这种错误的认识有几个方面的原因。

首先，必须承认，中国的房价问题的确远比其他地方要更复杂、更难以解决。

世界上其他国家和地区，包括美国、西欧等，通常来说一座城市的人口都是较为稳定的，至少不会迅速产生那么大的波动。但是，在中国大陆情况却完全不一样。目前中国社会正在发生一次空前规模的深刻变革。城市化在加快，人口出现了空前的大迁移，有规模惊人的人口正在迁移到中国的大城市中。比如，北京在近 20 年人口增长了一千多万，是原人口总数的两三倍。而且这增加的人口几乎都是最渴望获得住房的年轻人，其他房价高涨的城市情况也大都相似。

在其他国家，由于人口比较稳定，所以其住房供给只要按照常规增加基本就足以解决住房问题——但即使这样，我们看到在众多中国人口迁移涌入的地方，当地的房价还是出现了飞涨——这说明其他国家在解决房价问题上也不见得比我们高明很多，如果要他们面临中国的情况，也完全可能发生同样的房价飞涨的情形。

其次，很多人没有认识到，其实房价上涨在国内只是少部分城市的问题。实际上，人们都在讲中国的城市化将带来巨大的入城人口大军。但是，他们没有认识到，这些城市化，自乡村而来将转移到城市中的人口，绝大多数又都集中迁移到少数的几个地区和城市，而非中国所有城市平均接纳了这些人口，导致那些重点的优势城市人口增长格外迅速。

正是这些较少部分的城市，却容纳了较大量的外来进城的人口，因此这些城市需要的房屋当然要更多。

本来在我们前面的论述中就指出了，每年国土资源部批复的国内土地供给计划就很少。在这样的情况下，国土资源部门却还将这原本就不多的土地供给计划像撒胡椒面一样地平均分配到各个地区，没有将最饥渴、最需要土地的城市放在优先解决的位置上，导致那些需求增加迅猛的城市也只能得到常规的土地供应。当然无法应对需求，房价要暴涨了。

以国土资源部门为首的，很多人没有认识到这一层。只是简单地看到土地供应增加了，但是房价还是不跌，反而更大幅度上涨。本来就不太通晓经济学知识的人，看到这些自然更加认为经济学的常识不灵了，就以为不关供给的关系，而将目标对准到炒房客身上。

当然，如此普遍的错误认识还是由于在中国欠缺经济学知识的教育所致，尤其是一些基本常识的教育——比如需求和供给的关系。其实都是非常浅显的道理——东西少了就贵，多了就贱。

但在大陆，人们并不太懂得经济学。而在香港地区，可能大多数人们也并没接受多少正统的经济学教育，但是毕竟耳濡目染多了。大家都在谈经济规律，按经济规律办事，这就使大多数的香港人都信奉经济学的基本规律，自然养成了凡事都按照经济学规律思考问题的习惯和社会整体思维，当然也就没有我们这样的错误认识了。

关于房价问题的其他认识误区

关于房价问题，除了上面文章所列举的之外，其实还存在很多其他认识误区。

1. 房价上涨是由于市场造成的

市面上还有很多类似这样的看法，“国家在房价的问题上过于放任，听凭市场调节，而忽略了市场经济的消极方面对房价的阴暗作用。”

我认为这是非常错误的。事实上，过去数年的房价调控政策的实行已经清楚地说明，只依靠行政手段干预无法完全解决高房价的问题。要解决房价问题，最根本的还是要依靠市场手段进行调控。具体就是扩大供应，满足旺盛的需求。

2. 房价高是由于地价高

这一观点有些道理，但是并不全面。而且如果仅强调这一点就往往会“只见树木，不见森林”。其实，不是地价抬高了房价，而是土地紧缺引发的供给紧张，造就的高地价，同时也造就了高房价。

在迄今经历过很多次的关于土地与住房房价关系的辩论中，国土资源部认为地价平均只占房价的23.2%。并以此为由辩护说，不是地价抬高了房价。国土资源部的数字看起来是有说服力的，但是，它显然是将全国的各有关数字统一放在一起加总计算得出的这一结论。

他们显然忽视了中国各个地方的住房市场是很不相同的。在绝大多数城市中，房价其实并不畸高，在那些地方土地价格占总房价的比例当然很低。但是在所有房价畸高的城市中，地价都占据了房价相当显著的一部分。而恰恰也是这些城市才有遭到全民攻击的高房价。

当然，更重要的一点是，在这些城市中，土地对房价的影响不仅仅是成本，而是供应的短缺造成了住房在市场上的供不应求，这导致了房价越来越高。

3. 房价高是因为成本高

在理想的状态下，房价是与成本无关的，而只取决于需求与供给。

但实际上，供给和需求都不是一成不变的。当房价降低，可能低于住房建造等一系列成本的时候，开发商就会倾向于不开发住房。这样就会减少供给，从而也就将房价抬升。因此，成本对房价还是有影响的。

但是假如供给持续扩大，特别是新的开发商能够进入到市场。举个例子，假如一座城市的土地供应突然间增大了许多倍，而且预期还会继续大量增加土地供给，那么新拿地的价格就一定会降低很多。那么这些新拿地的开发商就会以较低的价格出售住房。而那些以前以高成本拿地的开发商在这样的情况下，也就不得不降价销售房屋了。也就是说，尽管他们有高成本，也仍然不得不以低价格进行出售房屋。

如果这样，那么成本决定房价就不存在了，甚至房价可能会低于成本。

4. 一户人口一套房的想法是不对的

有人认为一户人家就该只有一套房，如果有人拥有了多套住房，在当前很多人还买不起住房的情况下，就是令人眼红的事情，要给予一定的惩罚，比如传说中要收取的房产税。很多人就主张一户人家假如只有一套房的话就不收税，只在占取了多套房之后才必须收税，这都显示了公众对某些人占取了多套住房的愤恨心态。

但是，这种理想主义的想法显然考虑得并不全面。且不说要怎样鉴别一户人家有几套自住房是多么的困难，很可能要设立专门的机构进行核查。这就会增加社会的总体成本，让压在我们每个人身上的税更高。

单说一下，即便是中国人确实实现了一户人口一套房，没有人有多余的住房，这样就好吗？

很不好。如果一户人家果真就只有一套房了，那么市面上还会存在租房市场吗？很显然到时房屋租赁市场肯定是不会存在了。如果社会上出现了人口流动咋办？这些到其他地方工作的人居住在哪里？

还有，假如有一户本来拥有住房的人家换了工作，到另一个地方工作时又怎么办呢？在这另一个地方他们没有住房，又租不到房子，难道让他们睡到大街上吗？

5. 房地产投资热是坏事吗

在人们最初指责房价快速上涨的过程中，很多人混淆了所谓的房地产投资过热与房价上涨的概念。把房地产投资过热当成了房价上涨的一个元凶，这是令人犯晕的事情。实际上，恰恰相反。房地产投资太少，也就意味着住房供给得少，住房供给少，怎么可能抑制房价呢？在需求不变的情况下，只会让房价越来越高。

因此，在以抑制房价为名目出台的各项政策中，最糟糕的一项就是说中国的房地产投资过热，因此要抑制这种过热的投资。结果银行不给房地产公司提供贷款资金，国土资源部门拿出限制措施减少土地供给，打压所谓的房地产投资过热，减少房地产的投资。那么，这些减少供给的政策当然会更加推高了中国的房价！

国土资源部门还经常将房地产投资增幅回落当作一项控制房价的政绩，很明显，这样的政策实施后果只会让房价越来越高。

6. 中国人喜欢买房的传统观念是过时的吗

在探讨中国的房价高，以及如何解决中国大城市居民的住房困难时，很多人——比如某些经济专家就表示，中国人喜欢买房的传统观念需要改变，应该改变为租房居住。这些人还举出例子，指出包括法国、德国等许多国家，人们都是租房居住的。而当新华网发出了《买房还是租房？中国人的传统居住观正悄然改变》这样一篇报道的时候，记者甚至是将其当作一个“喜讯”告知人们的。

难道他们不知道，当一部分中国人的家庭不再有多套住房的时候，那些他们建议下应该租房住的人又要到哪里去租这些住房呢？

实际上，假如没有多少家庭拥有多套住房了，那么房租一定会上升，可能甚至比买房的月供都要高！

即使没有这方面的问题——也就是说中国的住房市场仍然延续目前

的情况，没有太大变化——政府不在房产税等问题上限制单个家庭拥有多套住房，从而造成租房市场上供给的大幅减少。即便这样，在中国推广不买房去租房的观念也并不怎么现实，从长远看更谈不上有多么合算。租房的最大风险在于，随着经济的发展，人们更多地向中心城市涌入，买房房价的上涨带动租金也会大幅度上涨。实际上，这样的过程我们已经在近年的租房经历中都感受到了。近年来，在各个热门城市中，租房的房价都有大幅度的上涨，而假如你已经买房了，就不用再担心租房价格上涨了。

所以说，“买房的观念是过时的”这种想法，未必是正确的。

7. “招拍挂”不是地价上涨的元凶

在指责地价上涨的风潮中，许多人都指责政府执行的土地“招拍挂”政策是地价上涨的元凶。有人认为自从政府开始执行了土地“招拍挂”的转让政策之后，土地价格就开始暴涨，并屡屡拍卖出地王的高价。

但是，土地的“招拍挂”政策真的是地价上涨的元凶吗？

实际上，地价上涨除了因为经济发展而引发的自然上涨之外，最重要的因素还是政府垄断了土地的供应，并造成了土地供应的减少。当然，需要指出的是，政府垄断土地供应之后，同时采取的举措就是所有土地的供应都采取“招拍挂”的方式。

虽然，土地的垄断供应和“招拍挂”是同时发生的，但是，我们不能因此指责“末”而忘了“本”。

问题不在“招拍挂”，而在前两点。解决的方式就应该是尽可能地扩大土地供给的多方力量，比如恢复过去的县、村、镇一级的供地权限，恢复搬迁的工厂、学校等的供地权限。如果实在不能恢复，那么房价高涨的城市也应该极大地扩张土地的供给总量。

不要看到土地比过去供应多了一些就以为已经够多了，要看清楚中国的人口迁移，外来人口增多的现状和将持续下去的未来。而这些外来人口都需要住房，要提供给他们住房，必然要有更多的土地和房屋供给。

但是，在具体的土地出让方式上，“招拍挂”仍然是最好、最公平的一种方式，价高者得，天经地义。最重要的是，如果不采用“招拍挂”的方式，哪怕地产公司取得的地价成本再低，最终卖给消费者的价格也不一定就会降低。

关键是不能让土地市场处于饥渴的状态下，其实正是如今这种土地市场的饥渴，才是屡屡爆出天价地王的根本原因。

地价暴涨的原因，不在于供应的方式，而在于数量的多少。

当然，假如在“招拍挂”的过程当中设定严格的条件，比如像国土资源部所规定的那样，规定自有资金必须占土地价款的多大比例，就可能会让开发商拿地成本上升，会大大降低开发商参与的数量，这的确有可能会进一步推高最终的地价。

8. 只有涨价才能奠定房地产作为支柱产业的地位吗

是否只有涨价才能奠定房地产作为支柱产业的地位呢？才有利于加速工业化和城市化进程呢？

当然不是。房地产业当然是我们国家的一个支柱性的内需式产业，但并不需要不断涨价来获得保障。实际上，房地产不需要涨价也可以保持自己的地位。关于这一点，广州市房协会长陈敦林讲得相当到位：“不希望房价跌，也不希望房价涨，只希望市场旺。”

房地产业要获得好的发展，并不需要不断涨价，也不是不可以降价，关键是市场的供和需都必须两旺。即一方面供给量要大，另一方面需求量要大。当房地产业能够在价格较低的基础上，销售分外旺盛，那么无论对消费者来说，还是对房地产行业内的企业来说都是最佳的，最有利的，也是双赢的。与此同时，红火的房地产业也将带动中国的经济发展更加旺盛。

第十六章

对房价调控政策的思考

基于对房价高涨认识的偏差，便容易出台不够全面的政策。目前，在抑制房价问题上之所以政策屡出而屡见效不大，根本在于，很多政策在推出时本就不够全面。在本章节中，将对这些政策一一进行盘点和分析。

房价难调源于将政策重点放在抑制投机上

为什么房价的调控政策屡次出台而屡次见效不大呢？所出台的政策都是将重点放在了抑制投机上，这是效果不大的根本原因。

从根本上来说，房价不是因为炒房客投机炒作炒高的，而是人们不断要改善自己的住房状况，以及城市化进程加快，城市格局进一步洗牌，人口越来越向发达城市集中，再加上严格的土地政策共同作用的结果。

但是，主流的社会舆论与政策制定部门却没有完全认识到这一点，反而将目标指向了炒房客，制定的政策都是以抑制投机作为方向，正是这样的初始动机导致了房价越调控越高的后果。

征收房产税会增加购房者负担

在本书写作之前以及在写作期间，关于房价和房地产方面，一个最受人关注的焦点问题就是房产税（前称物业税）是否应该开征的讨论。根据一些媒体的报道，在多地试点的房产税已经征收。

是否支持开征房产税？笔者的回答很明确——不支持！

如果用一个词来形容征收房产税，那就是“得不偿失”！对房价基本不会产生什么正面的抑制作用，更主要的是反而会让购房者负担更重，更加无力购买房屋。

正如经济学家张五常教授所说的，增税能降低房价？闻所未闻！

实际上，中国在房地产方面的税费负担已相当重了。在房价构成中，各种税负的比重基本在35%～40%（与土地出让金所占比重大致相当）。由于税费主要集中在开发环节，所以，买房人自己感觉不到税重，但其实我们买房时缴纳的房款中有相当一部分就已经包含了税。此外，在房产开发过程中还有多如牛毛的大量杂费，据《南方都市报》2009年9月发表的一篇报道，称在房地产开发过程中需要缴纳116种税费，而这些税费其实都是由我们购房者来承担的。如果真的要征收房产税也可以，但有个前提，那就是要先取消或降低更大比例的开发和交易环节的税费，做到总税负水平降低或至少是平衡。

特别是降低开发环节的税费，这是可以直接降低住房购买时的出价的。

实际上，当时就因为要征收房产税的传闻，已经造成了房价的上涨。《扬子晚报》发表的一篇名为《房产税传言越传越盛 南京楼盘价格飙升扎堆开盘》的报道就一定程度上反映了这类情况。

就此问题，笔者求证了一位地产中介人员。他表示，确实有很多地产中介公司劝说客户买房的时候都会强调房产税将开征，而那样将会加重他们购房的困难，因此劝客户必须早买房，防止到时承受不必要的负担。

可以认为，出于对这一税收的担心，是导致2010年住房交易格外活跃，房价上涨的一个重要原因。

中小地产开发商最愿意降价

除土地供应之外，在具体的房产供应上，调控政策很多措施也都是起到相反的作用，走到了助推房价上涨的路线上。

一个市场只有竞争激烈之时，价格下降才有可能实现，对消费者也才是最有利的。只有开发商多，才有更激烈的竞争产生，房价才有可能降低。而如果市场上只有几家寡头的开发商，那绝对不是好事。甚至几个开发商互相之间打几个电话，就能把房价给垄断了。

但遗憾的是，我们的房市调控政策虽然一而再地强调要抑制房价上涨，甚至要让房价下跌，但却总是再三地打击中小开发商，减少市场上的竞争者。几乎所有的政策都在试图封杀“空手套白狼”的投机者，限制拿别人的钱赌自己明天的“投机分子”。在市场本身就缺乏参与者的时候，这样的政策进一步压制了供给。

为什么大开发商通常不愿意降价呢？因为大的房产开发商通常都资金充足，他们更有实力打持久战。当房价下跌的时候，那些不差钱的大房企往往就会选择不买地和延缓开工，因为他们撑得住。

只有那些资金紧张的中小开发商才最愿意降价。当土地不再大批量供应之后，地产商通过前些年的开发销售，手里都积攒下大量现金的时候，几乎都同时放慢了土地开发的步伐。开发商不再大量供给了，而是小量开发，因为土地宝贵，手中的雄厚资本也让开发商有足够的力量跟政策抗衡。这是自 2004 年之后广州房价急速飙升的一个极重要的原因。

另外，市场上如果有中小开发商介入，也比较容易形成一个多强角逐的市场，形成一个多层次产品共存的房地产市场。其实，我们过去几年市场经济经历过的种种经验已经证明了，那些草根的企业才是最喜欢降价以销售产品的。

因此，中小开发商应该在我们这个房地产市场上获取到生存之道。但遗憾的是，我们的政策对这些中小开发商却相对严苛。

“因城施策”比“一刀切”政策更具针对性

2016 年“两会”之后，上海市和深圳市的主要领导都三番五次出来表态，表示要拥护中央的“因城施策”的要求。上海相关负责人说，必须认真贯彻落实中央对全国房地产市场“因城施策”的管理要求，按照房地产市场发展的客观规律和特大型城市发展的客观规律，从上海实际情况出发，加强调控力度。于是，新一轮房地产调控大幕开启，上海打响了第一枪。上海的收紧政策包括外地户口买房资格需缴纳社保，年限从2年改为5年，而且不能是单身；二套房普通住房首付比例为50%，非普通住房为70%；而且，购房人在申请贷款时还应承诺首付款为自有资金，违反承诺则作为失信行为纳入信用平台。

同一天，深圳也连夜发文，主要政策包括二套首付由三成提高到四成。比上海好的是，首套是“只认贷不认房”，也就是只要没有房贷，就算首套；非深圳户口购房，社保缴满年限由1年提高到3年。

一时之间，“因城施策”已经成为中国房地产调控的一条重要原则。因为中国房地产矛盾的核心在于，一方面房价上涨压力增大，另一方面房地产库存畸高，在一线城市涨价效应下，二三四线城市的房价也很难降下来。

笔者在2009年就提出应考虑取消“一刀切”，建立更加灵活的政策。在中国，房价畸高的城市仍占少数，绝大多数城市的房价其实都算不上畸高。也就是说，这些占中国大多数的、房价并不畸高的城市因为这“一刀切”的政策，都将面临同样的房产开发和销售的困境，这也是导致这一政策在各地遭遇如此大反弹的最重要的原因。所有政策都不能采取大而化之“一刀切”的方式，而更应该具体情况具体对待。无论是各政府部门出台政策，还是要拿出数据阐述问题时，都应该遵循这一原则。只有这样，出台的各项政策才能真正做到有针对性。

民粹主义思想或是抑制房价的大敌

笔者提出的那些关于房价的偏差认识，以及基于此推出的不够全面的政策，部分带有民粹主义色彩。

民粹主义房价政策的一个偏差逻辑是：因为某个环节大获其利，就要给予严厉惩罚。比如，因为这些主张，各地开始不断出台一个个加税的政策主张，最后我们看到的结果却是房价越干预越高的结果。

也有人指出，房价上涨的罪魁祸首其实是调控后，住房的供给遭遇了沉重打击的缘故。那么供给是如何被打击的呢？

其一，回顾这几年的房地产调控，每当房价大幅上涨而出台调控政策时，其中必包含控制土地供应、控制房地产投资的措施。

土地供应减少、投资减少的结果是商品房供应减少，但是需求并未减少，原因之一是人们预期房价会更快上涨而加快进入需求行列，也就是“买涨不买跌”。最后结果必然是导致房价更快上涨，这也就是为什么这几年房价越调控却越高的最根本原因。

其二，自2004年规定的“8·31大限”后，房地产市场上盛行的协议出让方式被正式叫停。土地必须全部以“招拍挂”的方式来拍卖。据说，“这一措施在规范交易行为的同时，实现了市场化和公开化，最大限度地堵住了暗箱操作可能产生的腐败，为房地产市场的规范、可持续发展敞开了一条新路。”但这条政策也堵死了除政府相关部门外，其他部门供应土地的门路，导致所有的开发商都必须挤狭小的政府供给的小门。

其三，近年来，随着国家房地产宏观调控越来越严，特别是信贷紧缩造成的资金供应紧张，再加上不断严厉的土地政策，这些主要因素都是在限制中小开发商，使中小开发商由于实力不足而大量被迫出局。与此同时，一批实力强大的地产开发商却开始南征北战，跑马圈地，抬高出让土地价，“地王”频现。

几乎每个实力雄厚的开发商在成功拿地之后都不急于开发，有的甚至会将土地储备足够开发三四年以上，因此造成紧张的土地供应愈加紧张。

降低房价唯一有效的政策就是大量供应土地

目前房地产价格上升并不是钢筋混凝土的价格贵，也不是劳动力的成本高，而是土地供给有限，土地供应量少。

笔者认为，在需求旺盛的情况下，扩大供应的主张是最符合实际的，也是最现实可行的平抑房价的方法。只有大量供应廉价的土地，才能从根本上抑制对土地的炒作，乃至于对房价的炒作。

后　记

中国的住房还可不可以买

笔者自从研究房地产问题以后，就不断遇到朋友询问这样一个问题：“未来中国城市的房价还会涨吗？还能不能买房子呢？”这可能也是现今中国人最为关心的问题之一。因为这事关他们的个人未来投资方向，以及是否下决心以更大的投入去买房。

自从2005年以来，每次有朋友问起，笔者的回答都是：“可以买。”未来从大的概率，以及从一个长的时间区间来看，中国的城市房价还会涨。

中国的城市房价会继续上涨

第一，这还是由于对中国经济有信心所致。笔者认为中国的经济之所以会如此快速增长，是与中国人的民族性有很大关系——中国人特别的勤劳、工作努力、崇尚知识、热爱学习，并且中国人心灵手巧，能人也多。这使得中国人总是可以快速学习最新的先进技术，制作出好的产品，占领世界市场，从而也让中国的经济快速的增长。

虽然一直有很多唱衰中国经济的言论出现，甚至不断有人预言中国的经济会崩溃，但这些言论从来都没有真的实现过，核心的原因就在这里。

第二，也必须指出，中国的政府也确实在不断改革中，总体不断地进行市场化的改革，不断拆除阻碍经济发展的各种壁垒。自 2012 年以来，我国确实进行了很多重要的市场化改革，在放松市场管制、减税等领域都有了很大进展。这些改革政策的执行，可以进一步释放我国经济增长的潜能，让中国的经济更加向好。

如何挑选投资房产的城市

既然房价未来还会涨，那么投资房产就应该是一般人所应该做的事了。但应投资哪些城市的房产呢？

理解中国的房价问题其实并不难，只要理解了基本的供求规律，然后再找寻到相关的供给需求状况，就足以大致看出中国城市房价变动的大致脉络了。

因此，笔者的观点依旧是：要投资到那些未来依旧热门，人口依旧在移入的城市。而如果能看到这座城市一方面仍旧人口移入，一方面土地和住房供给未来又不太高，那么就是更好的投资对象了，很可能未来涨幅更可观。

那些人口移入的城市主要包括，人们口中的一线城市“北上广深”，然后是各省会级以上城市，还有部分沿海城市。

在这类城市中，可以单独说几个特殊城市的情况。

比如，杭州和南京这两个相对富裕的省会，其房价远远超越了其他省会城市。固然有这两省富人更多，购买力更旺盛的因素，但其房价远高于其他省会，其实还是有很大原因在于土地供应量过少。事实上，类似北京、上海、深圳、杭州、厦门、南京、天津房价高涨，除了本身的城市吸引力，大量吸引了外来定居者，从而造成本市的住房需求旺盛之外，也与土地供给的低数量有很大关系。

在本书中，对杭州的土地供给情况有过比较细致的描述：在一个相当长的时间里，杭州每年的住房土地供给仅三四千亩，仅及广州一个大型楼盘的面积，说明杭州的土地供给量是多么小。而南京与杭州相仿。不过，随着两座城市土地、住房等供应量的扩大，未来房价的上涨很可能会受到一定的抑制。

厦门是另一个相对富裕的城市。厦门的经济发展其实相对同级别的其他副省级城市如深圳、青岛、宁波，甚至大连并不更好，但厦门的房价却要远超宁波、青岛和大连，更是远超同为特区的汕头、珠海。虽然有其周边闽南富裕圈的优势，但是厦门的房价能超过青岛、大连数倍，主要还是由于其受制于城市面积。比如，闽南地区的富人几乎都会想办法在厦门买一套住房。但要知道，同样山东省的富人也都会想办法在青岛买一套住房，东北的富人也都会想办法在大连买一套住房，这方面厦门并不比它们占据更多优势。而厦门的面积总共只有1565平方千米，是青岛、大连的1/10，导致其建设土地供给极大受限。以2015年为例，青岛商品房销售面积达1418万平方米，而厦门商品房销售面积仅为350.31万平方米，也就是说，仅有青岛商品房销售面积的1/4还少。而与之相对的是，厦门基本可以看成是一座与青岛相同级别的城市。

如此低的商品房销售量，只能说明厦门住房应供量是多么少。不过，由于厦门房价高涨，让开发商拿地踊跃，导致厦门在2015年土地市场十分火爆，总共出让土地以建筑面积合计共602万平方米，同比大幅上涨171%。虽然，土地供给仍不太大，但比之前仍有较大提升，假如厦门能延续目前这种供给扩大的局面，可能会对其暴涨的房价有一定抑制作用。

相比厦门，长沙可以说是另一个极端，长沙与重庆类似，是一座经济繁荣，而房价比较低迷的城市。

长沙的经济其实表现很好，近几年经济奋起直追，已经跻身中国经济最发达的十几个大城市之列，发展迅猛。长沙的文化传媒行业表现尤其突出，湖南卫视是除央视外最多金的电视台，每年可有近百亿的广告收入，创造了大量文艺富翁。同时，三一重工和中联重科是国内建筑重工行业的两大巨头，工业也有相当的成就。

但是，长沙的房价却极为低迷，比经济落后的省会城市，如南昌、合肥都不如。这主要是长沙巨量的土地和住房供给造成的。不过，近年来，“政府考虑到长沙楼市库存居高不下，试图通过对住宅、商业用地进行有效控制，积极引导，去库存，造成了长沙土地市场供应以工业用地为主的情形”。

2015年长沙土地整体市场受国土部“有供有限”的指导思想，长沙供地规模开始锐减。六区经营性用地供地总建面同比下跌75.5%，成交总金额同比下跌7.4%。事实上，自2014年开始，长沙土地成交规模就开始逐年下滑了。在缩减了土地供应，去库存的情况下，由于长沙的旺盛需求，长沙的房价未来很有可能会出现较大幅度上涨，至少追赶上南昌，甚至合肥的房价。

相比以上这些不断有人口移入的城市，广大的内陆地级以下城市，很可能都会面临一个人口逐渐缩减的局面。前述所谈及的中国人口老龄化造成的人口减少，将更多地体现在这些城市。它们很可能会像美国的“铁锈地带”，或者日本的那些小城市那样，不断地败落，剩下老人，没有新的人口进入，那么房价自然也就不会上升了。

实际上，这类情况在国内的一部分地方已经发生了。比如笔者有亲戚原本生活在黑龙江省鸡西市下面的一个矿区，由于他们在20世纪受到国企改革冲击，工资发放困难，最终离开了那里，来到关内生活。前段时间，笔者的亲戚回到家乡一看，结果发现他们原先的居住区已接近于废弃，很多院落围墙已倒塌，巷子里的道路已满是藤蔓野草，长得已有半人高。而他们家过去的旧宅，已不值一文钱。

类似这样的情况，未来将可能更多地出现。即使不是这么极端的情况，房价下滑也是必然的。

沿海海景房有没有投资价值

在很长一段时间里，沿海的房产貌似就是一个坑。笔者的很多朋友受到广告的诱惑，买了类似海阳、乳山、龙口的海景房，至今后悔不已。

为什么当初那么多人抱着投资的目的购买海景住房，却都掉入陷阱之中？主要是由于他们虽然看到了海景房的优势，却没有看到当地缺乏就业带来的劣势。由于缺少就业机会，就留不住人在那里居住。

最关键的是，虽然海景房有居住优越性，但却并不稀缺。事实上，由于山东的优良海滩众多，再加之这些有优良海滩资源的地方政府都很热衷于出卖土地，获取土地收益，所以导致海景房的供应极其丰沛，供过于求。这导致山东这些地方的海景房，很长时间都没有任何的升值，甚至如果有想出手的，还很难找到接手的人。

不过，也要指出的是，山东的海滩资源并非无限，随着海景资源的大量开发，山东沿海的这些海景房未来会越来越少，而人们喜欢海景住房的情况却不会改变。

另外，真正沿海的有优美风景的豪宅都不会跌价，这从发达国家那里可以看得很清楚，比如，美国的沿海优质海景房一直都比较昂贵。

目前的海南也出现了类似的情况。当然，海南有一项山东沿海不具备的优势，就是它的冬季比较温暖，会吸引很多人冬季去海南过冬。这导致海南的海景住房有比山东更大的需求。虽然，海南的海景房的供给同样多，抑制了房价的上涨，但是，由于需求格外旺盛，全国的富人都想在海南有一套房子，方便冬天去度假，使海南的住房还是出现了暴涨。